Leopold Faltin

Erfolgreich führen in Netzwerken

LEOPOLD FALTIN

Erfolgreich führen in Netzwerken

Gemeinsamkeit gestalten

SIGNUM

Laterales Führen heißt für mich:

- *im Einverständnis mit der hierarchischen Führung selbstständig Ziele formulieren*
- *in Eigeninitiative Kollegen/Kolleginnen für diese Ziele begeistern*
- *gemeinsam Erfolge feiern*

Robert Lauter
Qualitätsbeauftragter der Abteilung
Service Fernwärme Wien

Besuchen Sie uns im Internet unter
www.signumverlag.de

Schutzumschlag: g@wiescher-design.de
Satz: net[t]werker, München
Gesetzt aus der 10,75/14 Punkt Optima
Druck und Binden: CPI Moravia Books GmbH
Printed in EU
ISBN: 978-3-85436-431-3

Inhalt

Vorwort

Das Buch von Leopold Faltin »Erfolgreich führen in Netzwerken – Gemeinsamkeit gestalten« greift ein Thema von höchster Relevanz auf. Noch nie war Führen in Netzwerken so wichtig wie heute. Unternehmen sehen sich zu Beginn des 21. Jahrhunderts mit einzigartigen Herausforderungen konfrontiert, die nur in Netzwerken einer Vielzahl von Akteuren zu lösen sind. Klimawandel, Bevölkerungswachstum, Turbulenzen auf Finanz- und Realgütermärkten, kürzere Produktlebenszyklen, gestiegene Kundenbedürfnisse, technologische Konvergenz, gesunkene Transaktionskosten für Kommunikation, exponentiell wachsendes Wissen. Um Unternehmen unter diesen Bedingungen erfolgreich zu führen, reicht das Führen von einzelnen Mitarbeitern und Teams im klassisch-hierarchischen Sinne nicht mehr aus. Es erfordert in zunehmendem Ausmaß das Führen von und in Netzwerken gleichberechtigter Akteure.

Um die komplexen Problemstellungen zu lösen, mit denen Unternehmen heute konfrontiert sind, braucht es Unternehmertum und Innovation. Unter den skizzierten Rahmenbedingungen bedeutet Unternehmertum jedoch nicht nur Kreativität und Innovation in der Technologie- und Produktentwicklung, sondern auch in der Strategieentwicklung, in der Organisation, im Marketing, in der Finanzierungsform sowie in der gesamten Geschäftsmodellierung. Wichtige Voraussetzungen für Kreativität und Innovation sind Perspektivenwechsel, Rekombination von bestehendem Wissen und eine profunde Evaluierung von

Geschäftsideen. Netzwerke ermöglichen genau dies: Sie verschaffen exklusiven Zugang zu Ressourcen wie Information, Wissen, Kapital und wertvollem Feedback von Peers. Die *richtigen* Netzwerke ermöglichen, dass neues technisches Wissen mit Wissen über Marktchancen verknüpft wird – sie sind somit für die Entwicklung erfolgreicher Innovationen essentiell.

Die Fähigkeit zum Führen in Netzwerken kann somit als Schlüsselqualifikation des 21. Jahrhunderts verstanden werden. Das Buch von Leopold Faltin bietet hierzu nicht nur relevantes konzeptionelles Wissen, sondern auch ein praktisches Tool-Set. Eine Pflichtlektüre für jede (auch angehende) Führungskraft!

Univ.-Prof. Dr. Christopher Lettl
Wirtschaftsuniversität Wien
Direktor des Instituts für Entrepreneurship und Innovation

Über dieses Buch

Im Zeitalter der Netzwerke, der virtuellen Unternehmen und der organisationsübergreifenden Projekte liegt geschäftlicher Erfolg in brillanten Ideen, professioneller Gestaltung und visionären Marketingkonzepten, meinen viele. Wenn es nur so wäre. Bloß – eine Idee alleine genügt kaum, selbst einfachste Produkte brauchen heute schon mehrere Profis, und Marketing ist in seiner Komplexität ohne Teams gar nicht vorstellbar. Damit kommt das Thema dieses Buchs ins Spiel: Wie erfolgreich führen in Netzwerken? Wie diese neue Gemeinsamkeit gestalten?

Hierarchien geben uns Sicherheit bezüglich der Beziehungen innerhalb bestehender Organisationen. Prozesse geben uns Sicherheit bezüglich wiederkehrender Abläufe. Für temporäre Beziehungen außerhalb dieser Organisationen und für neue, unerprobte Abläufe, die – wie etwa in Projekten – auch nicht mehrfach gebraucht werden, gibt es aber nichts, das uns gleichwertige Sicherheit verschaffen könnte. Hier versagen die althergebrachten Modelle geregelter Zusammenarbeit – oft schon deswegen, weil heute gar nicht die Zeit vorhanden ist, Prozesse, Organisationen und Beziehungen rasch genug anzupassen.

Die früher rechtlich streng geregelte, dadurch aber schwerfällige Zusammenarbeit von Organisationen und Unternehmen hat sich ebenso gewandelt. Kooperationsformen haben sich entwickelt, die rein pragmatisch funktionieren: Wer in einem losen Netzwerk nicht verlässlich mittut, wird ausgeschlossen und bekommt auch keine zweite Chance. Das Teilen der zu erledigenden Arbeit geht mit einem Übernehmen von mehr Eigenverantwortung einher.

Unter diesen Bedingungen nicht zum Spielball anderer zu werden, sondern in Netzwerken erfolgreich zu führen ist eine hoch dynamische Tätigkeit, die noch mehr Fingerspitzengefühl erfordert als die hierarchische Variante innerhalb fester Organisationsstrukturen. Dieses Buch vermittelt das Know-how dazu: »Laterales Führen« oder auch »Führen ohne Weisungsbefugnis« wird diese Fertigkeit genannt. Diese Art der geführten Zusammenarbeit ist zeitlich, inhaltlich, in der Reichweite und auf initiative Personen beschränkt – und gerade deswegen unglaublich anpassungsfähig an verfügbare Kompetenz, an zeitliche Notwendigkeiten und an ungewöhnliche Randbedingungen.

Unterschiedlichste selbstständig agierende Menschen zu gemeinsamer Leistung zu bringen, in der sich die Einzelpersonen individuell entfalten können und doch das gemeinsame Ziel erreichen – das ist teils Kunst, teils Handwerk. Immer aber benötigt es ein spezifisches Know-how. Wie übernehme ich die Führung, wenn es darauf ankommt? Wann und wie lasse ich mich von anderen führen? Welche Regeln gelten in diesem Wechselspiel der Kräfte? Wie wahre ich meine Interessen und die der Organisation, in die ich möglicherweise selbst eingebettet bin? Wo liegen die Grenzen der Beeinflussbarkeit?

Ausgehend von einfachen, durchaus bekannten Modellen wird in diesem Buch ein praktischer Werkzeugsatz entwickelt und anhand knapper Verhaltensregeln handhabbar gemacht. Bewusst wird die rasche und einfache Umsetzbarkeit in den Vordergrund gestellt, wird die Theorie nur dann bemüht, wenn sie zur Umsetzbarkeit beiträgt.

> Fallbeispiele, auf das Notwendigste reduziert, illustrieren wichtige Aussagen des Texts durch Erfahrungen aus der

Praxis. Sie werden zwecks leichter Erkennbarkeit wie dieser Absatz hervorgehoben.

Einige einfache Übungen, die man beim Lesen dieses Buchs zu Reflexionszwecken selbst durchführen kann und sollte, werden zwecks guter Erkennbarkeit wie dieser Absatz hervorgehoben.

Das Buch ist in aufeinander aufbauende Abschnitte gegliedert. Um das Wesentliche rasch auffindbar zu machen, sind die wichtigsten Inhalte und Schlussfolgerungen wie dieser Absatz formatiert und – meistens gegen Ende der Abschnitte – zusammengefasst. Für ein erstes schnelles Durchlesen sowie für das Wiederauffinden der wichtigsten Aussagen ist es nützlich, sich an diese Stellen zu halten.

Dieses Buch ist aus eigenen Erfahrungen, Coachings und Beratungsaufträgen entstanden, und die Teilnehmer/innen meines Seminars gleichen Inhalts haben durch ihre Beiträge vorhandenes Material bereichert, modifiziert und gefestigt. Ihnen allen danke ich dafür.

Das Buch richtet sich an Menschen, die in ihrer Umgebung mehr bewirken wollen, als sie aus ihrer aktuellen hierarchischen Position heraus mit ihren eigenen Händen schaffen können; für die diese Wirkung die Hauptmotivation darstellt; und die sich trotz aller in Anspruch genommenen Freiheiten nach bestem Wissen und Gewissen in den Dienst ihrer Organisation stellen. Diesen Menschen wünsche ich viel Erfolg mit den Ideen, die ich in diesem Buch gesammelt und eingearbeitet habe. Wenden Sie sie an. Nicht auszuschließen, dass Sie dadurch – schneller, als Sie denken – Weisungsbefugnis bekommen.

Leopold Faltin
www.meincoach.at · twitter.com/meincoach

1

Die Führung übernehmen

Sie wollen die Führung über eine Gruppe von Menschen lateral, also ohne Weisungsbefugnis, übernehmen? Wie geht das?

1.1 Wie funktioniert Führung?

Wie kommt ein Mensch an die Spitze einer Gruppe von Menschen? Versetzen Sie sich dazu gedanklich als Einzelperson einmal in eine Menge von Menschen, die miteinander nicht bekannt sind und die im Warteraum der Aufnahmestelle eines Krankenhauses darauf warten, dass der Ambulanzbetrieb aufgenommen wird.

In dieser anonymen *Menge* gibt es zunächst

- nur räumliche Beziehungen der Personen zueinander,
- Interesse oder Desinteresse je nach persönlichen Vorlieben, und
- die Einzelperson erlebt Angst oder Bedrängnis, fühlt sich in der Minderheit und fragt sich etwa, wie das hier weitergehen soll.

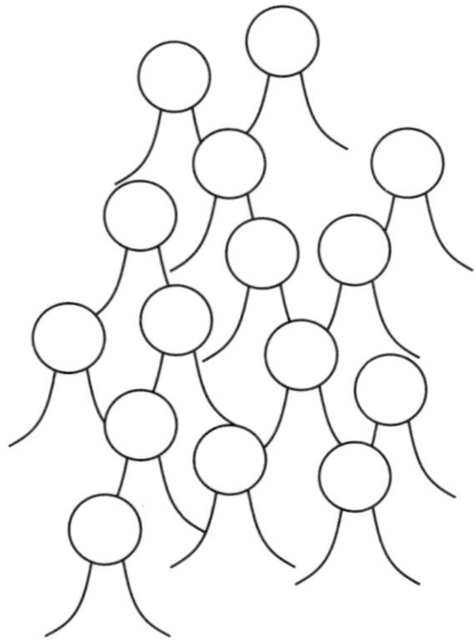

Abb. 1: Menschenmenge

Innerhalb kurzer Zeit (Minuten) entwickeln sich elementare Beziehungen zwischen einzelnen benachbarten Menschen. Die Qualität dieser Beziehungen kann auch von erkennbaren Zugehörigkeiten zu bestimmten sozialen Schichten abhängen.

Damit hat die Menge das Stadium einer *Wir-Gruppe* erreicht:

- Hier wird für die Einzelnen Gegnerschaft oder Nähe spürbar.
- Je nach Anlässen und Interessenlage beginnt eine Gruppeninnere Rivalität um die Anerkennung eines gemeinsamen Anliegens und einer möglichen gemeinsamen Initiative.
- Nach wie vor hat die Gruppe jedoch keine Struktur.
- Zwischen einzelnen Personen gibt es Spannungen, Imponiergehabe oder auch Situationen, in denen Einzelne über »fight or flight« nachzudenken beginnen.

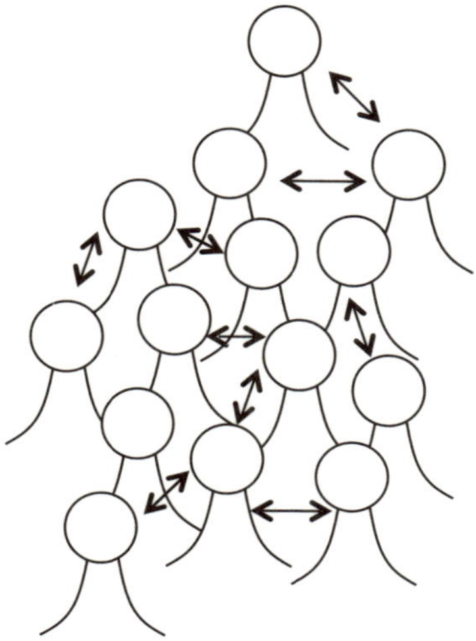

Abb. 2: Menschen + Beziehungen = Wir-Gruppe (oder auch nur »Gruppe«)

Gibt es in dieser Entwicklungsstufe einen Anlass, der ein gemeinsames Anliegen zumindest eines Teils dieser Gruppe bewirkt, etwa weil es im Warteraum zu heiß wird, dann gibt es die Möglichkeit für eine Einzelperson, hier initiativ zu werden: Wer in diesem Moment etwa vorschlägt, das Fenster zu öffnen, hat größte Chancen, eine mehrheitliche Zustimmung zu erhalten. Es wird dann sogar möglich, die Aktion sofort an jemand anderen zu delegieren, etwa an jemanden, der näher beim Fenster steht – die delegierte Aufgabe wird sehr wahrscheinlich sofort erledigt.

Das zugrunde liegende Muster ist, dass selbst in einer noch unstrukturierten Gruppe jene Person zu führen beginnt, die als Erste eine externe Herausforderung wahrnimmt und daraus ein gemeinsames Ziel zu machen versteht. Der soziale Lohn für diese Leistung ist das Potenzial (die Macht), die aus dem Ziel resultierende Aufgabe nicht einmal selbst erledigen zu müssen, sondern sie an jemanden der übrigen Nutznießer/innen zur Erledigung weitergeben zu dürfen. Das zu erreichen ist eine soziale Leistung, denn erstens ist ein gewisses Risiko damit verbunden (Ablehnung durch andere, Schwierigkeit der Aufgabe) und zweitens hat die Gruppe einen Nutzen davon. Durch die Führungsleistung wird ein mehrheitlicher Vorteil erreicht.

Das ist aber noch nicht alles. Durch die Führungshandlung der *Führungsperson* strukturiert sich innerhalb kürzester Zeit die Gruppe in ihrem Inneren – sie wird zu einem Team. Es gibt Menschen, die bezüglich der anerkannten Herausforderung uneingeschränkt hinter der Führungsperson stehen und daher auch bereit sein werden, die Aufgabe zu erledigen – die *Teammitglieder*. Es gibt andere, die bezüglich der zu ergreifenden Maßnahmen anderer Ansicht sind, oder zumindest skeptisch, ob sich das Fenster öffnen lässt, ob das überhaupt erlaubt ist, ob das für sie selbst und die anwesenden Kranken gut sein wird usw. – die *Skeptiker/innen*; trotz ihrer Skepsis teilen sie die Anliegen des Teams und fühlen sich dem Team zugehörig. Und es gibt Personen, die eine gewisse Distanz zur Gruppe wahren, obwohl sie doch Teile davon sind; etwa weil das Thema für sie nicht so wichtig ist oder weil sie schon wissen, dass das Fenster verschraubt ist und daher nicht so leicht zu öffnen sein wird. Diese Personen bringen sich zum Beispiel dadurch ein, dass sie ihr Wissen mitteilen, und sie machen stattdessen Alternativvorschläge – etwa anstelle des Fensters zwei Türen zwecks Lüftung zu öffnen. Sie sind die *Berater/Innen* des Teams. Alle diese Personen leisten trotz durchaus unterschiedlicher Interessen individuelle Beiträge zur gemeinsamen Aktion des Teams. Selbstverständlich kann es auch Unbeteiligte geben, die sich nicht betroffen fühlen – und daher auch nicht zum Team gehören.

In einem Team, bestehend aus etwa 3 … 14 Personen, passiert in dieser Situation zusammengefasst Folgendes:

- Zumindest eine Person erkennt die gemeinsame Herausforderung (H) und initiiert eine Aktion zu deren Bewältigung: diese Führungsperson übernimmt die Führung (α = Alpha).

- Nach außen erkennt die Gruppe diese gemeinsame Herausforderung und stellt sich ihr – sie wird dadurch zum Team.
- Nach innen strukturiert sich das Team weiter in Teammitglieder (γ = Gamma), Berater/innen (β = Beta) und Skeptiker/innen (Ω = Omega) – je nach persönlicher Veranlagung und momentaner Interessenlage der Betroffenen.
- Dieser Vorgang startet die »Rangdynamik« des Teams.
- Es gibt eine gemeinsame Handlungsbewegung.
- Das Team ist fähig, die Aktionen als Ganzes selbst zu reflektieren – gut von schlecht zu unterscheiden, die Angemessenheit der Aktionen zu beurteilen usw.
- Die Skeptiker/innen und Berater/innen ermöglichen diese wichtige Funktion des Reflektierens, weil sie Perspektiven beisteuern, die sich von jener der Führungsperson und der Teammitglieder unterscheiden.

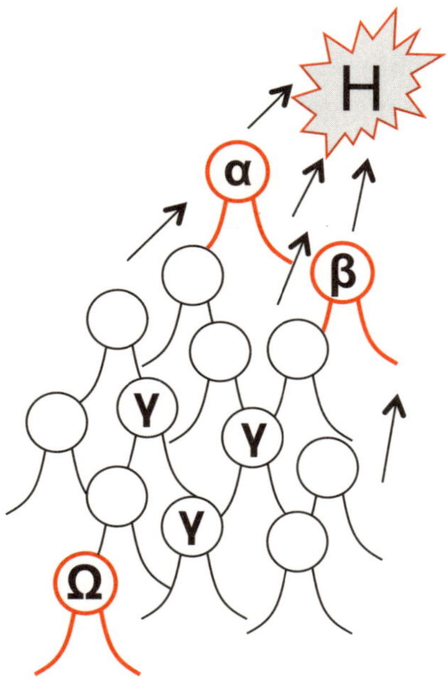

Abb. 3: Menschen + Beziehungen + gemeinsame Herausforderung = Team

Die für effiziente Arbeit optimale Teamgröße (auch Führungsspanne genannt) beträgt etwa sieben Personen. Ein Team mit überwiegend erfahrenen Teamplayern/Teamplayerinnen kann auch bis zu 13 Personen umfassen. Ist darunter ein größerer Anteil an Einzelkämpfer/innen, dann sind manchmal auch weniger als sieben schon schwer bei der Stange zu halten. Ab 14 Personen unterteilt sich allerdings fast jedes Team in Fraktionen, für die jeweils die gleichen Regeln gelten wie oben. Es ist damit einerseits eine Grenze für die Anwendung des lateralen Führens auf das gesamte Team bzw. Netzwerk. Es ist aber auch eine Grenze, an der es notwendig wird, an hierarchische Strukturen zu denken; dieser Übergang wird in Abschnitt 4.4 behandelt. Die in diesem Buch beschriebenen Grundsätze und Methoden des Führens innerhalb solcher weiter unterteilter Organisationen oder Netzwerke, also der enthaltenen kleineren Einheiten, sind selbstverständlich weiterhin gültig und anwendbar.

Anzumerken ist schließlich noch, dass für die Arbeitsfähigkeit eines Teams erfahrungsgemäß eine Vielfalt unterschiedlichster Temperamente und Charaktere optimal ist. Grundsätzlich ist für alle Platz. Schwierig zu führen und von den Ergebnissen her in der Regel suboptimal sind Teams dann, wenn ein einziger Typus mehrheitlich vertreten ist – gleichgültig, um welchen Typus es sich dabei handelt. Anstatt unaufhörlich nach »besseren« Mitarbeitern/Mitarbeiterinnen zu suchen, ist es besser, sich den Grundsatz zu eigen zu machen, genau mit den verfügbaren Personen überdurchschnittliche Ergebnisse zu erzielen. Mit den »Besseren« könnte es ja bald wer.

Fallbeispiel »unerwünschte Führung«: Ein internationales Netzwerk öffentlicher und universitärer Forschungsinstitute diskutiert die Beteiligung an einem Projekt im Rahmen der Europäischen Territorialen Zusammenarbeit. Die Vorschläge eines der Institute scheinen den anderen wissenschaftlich so attraktiv und aussichtsreich für die Genehmigung, dass dieses Institut alle Mühe hat, sich der Übertragung der Projektführerschaft in dem Projekt zu erwehren, die es von den personellen Ressourcen her nicht ausfüllen könnte. Es dauert Wochen, und es gibt zahlreiche Interventionen auch auf übergeordneter Ebene, bis sich das Institut definitiv von der Führungsrolle befreien kann. So wirkungsvoll kann ein glaubwürdiges, für viele attraktives Ziel sein.

Eine(r) führt immer! Wer als Mitglied einer noch unstrukturierten Gruppe eine gemeinsame Herausforderung erkennt und aus dieser ein gemeinsames, mehrheitlichen Nutzen versprechendes Ziel gewinnt, hat die Gelegenheit, die Gruppe bezüglich dieses Ziels zu einem Team weiterzuentwickeln und dessen Führung zu übernehmen. Wird diese Chance wahrgenommen, dann erkennt das Team die Herausforderung, stellt sich ihr und strukturiert sich nach bestimmten Regeln, die Teil der »Rangdynamik« sind, in eine Führungsperson und in Teammitglieder, Berater/innen und Skeptiker/innen.

1.2 Rangdynamik

Die im vorigen Abschnitt erwähnte »Rangdynamik« (in der Langform auch »Rangdynamisches Positionsmodell«) und die daraus stammenden Bezeichnungen für die vier »Ränge« oder »Positionen« in einem Team stammen von Raoul Schindler, einem österreichischen Psychotherapeuten. Er hat im Rahmen gruppenpsychotherapeutischer Arbeiten dieses Interaktionsmodell aus Beobachtungen entwickelt und selbst erstmals darauf hingewiesen, dass dieses Modell allgemein gültige menschliche Verhaltensweisen beschreibt und daher auch auf Teams und Organisationen im Arbeitskontext anwendbar ist. Die Gruppendynamik beruht unter anderem auf diesem Modell.

Die vier Ränge bezeichnen ausdrücklich keinerlei Wertigkeit – jedes Team braucht alle, um sein Potenzial voll ausspielen zu können. Die *Ränge,* die rangdynamische Einordnung im Team (α, β, γ oder Ω), sind zu unterscheiden von den *Rollen*, den Funktionen in Bezug auf unterschiedliche Aufgaben (zum Beispiel Projektleiterin, Choreografin, Tänzer, Beleuchterin usw.), der einzelnen Teammitglieder. Raoul Schindler wird auch nicht müde, darauf hinzuweisen, dass die mit den vier griechischen Buchstaben α, β, γ und Ω bezeichneten Ränge nichts mit ähnlichen Bezeichnungen aus der Primatenforschung (etwa das häufig zitierte α-Tier) und ebenso wenig mit den genetisch fundierten Bewertungen von Menschen in Aldous Huxleys Roman »Schöne neue Welt« zu tun haben.

Die im Zusammenhang mit lateralem Führen wesentlichen allgemeinen Aussagen der Rangdynamik sind:

- *Jedes Team bildet sich über seine Herausforderung (Bedürfnisse, Ideen, Ideologien, Gegner, Bedrohungen oder Ähnliches).*
- *Führungsperson (α) wird, wer die Herausforderung glaubwürdig kommuniziert.*
- *Führungsperson bleibt, wer über daraus abgeleitete Ziele die Führung wirkungsvoll ausübt.*
- *Die Team-Mitglieder (γ), Berater/innen (β) und Skeptiker/innen (Ω) – und ebenso später hinzukommende neue – finden ihren Platz zunächst nach Persönlichkeitsstruktur und momentanen Interessen.*
- *Die Rangdynamik ermöglicht Veränderung im Team, denn durch besondere Interventionen sind auch Rangänderungen innerhalb des Teams möglich.*
- *Die Gruppe kann ihre Identität, Werte, Interessen, Absichten und Handlungen selbst reflektieren.*
- *Gruppendynamisch kommt für die Führung jede Person infrage. Wer wirklich die Führung übernimmt und ausübt, hängt von der Initiative, der Persönlichkeitsstruktur und von den persönlichen Fähigkeiten und Interessen der anwesenden Einzelpersonen ab.*

Häufig kommt es vor, dass nach einer ersten Herausforderung H_1 eine oder mehrere weitere Herausforderungen sichtbar werden, beispielsweise H_2 in Abb. 4. Dann wiederholt sich der Prozess der Teambildung in Bezug auf diese neue Herausforderung H_2, und es bildet sich eine Rangstruktur (in Abb. 4 in ROT hervorgehoben) heraus, die grundsätzlich unabhängig von der vorher bestehenden ist und diese im Allgemeinen auch nicht beeinflusst, sondern sich ihr überlagert. Die Ränge der einzelnen Personen bezüglich H_2 können und werden in vielen Fällen auch andere sein als bezüglich H_1 und ebenso bezüglich weiterer Herausforderungen. Sie übertragen sich nicht automatisch.

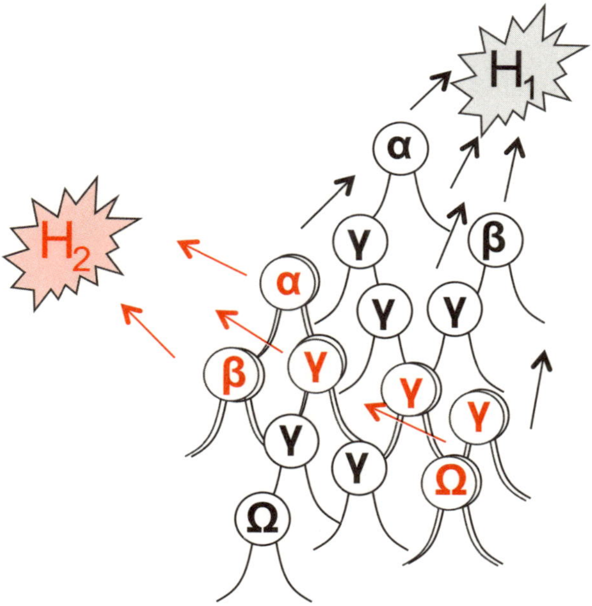

Abb. 4: Neue Herausforderungen rufen neue Rangstrukturen hervor, die sich vorhandenen Strukturen überlagern.

Aus diesen Vorgängen ergeben sich für die beteiligten Personen Mehrfachzugehörigkeiten zu verschiedenen Teams (s. Abschnitt 2.4). Für den Moment genügt es festzuhalten:

- *Jede Person kann in verschiedenen Teams unterschiedliche Rangpositionen einnehmen.*
- *Die daraus resultierenden Mehrfachzugehörigkeiten sind grundsätzlich voneinander unabhängig.*

Einige Regeln beschreiben konkrete Zusammenhänge in der Rangdynamik:

Motivationsregeln:
- Die γ motivieren sich durch ihre Identifikation mit α.
- Die γ handeln im Inneren so, wie α mit der äußeren Herausforderung verfahren sollte: Ist etwa α zu weich, dann werden die γ innerhalb des Teams zunehmend aggressiv, und umgekehrt.
- Ω repräsentiert die Herausforderung im Inneren – die Opposition.
- In schwierigen Situationen wird Ω zur Entlastung der Gruppe von inneren Widerständen durch die Gruppe ausgestoßen: Ω wird zum »Prügelknaben« oder »Sündenbock«.

Neue Herausforderungen erfordern und bewirken Richtungsänderungen der Gruppe:
- evolutionär über Veränderung oder Anstoß durch α selbst
- revolutionär durch Austausch von α (Tod, Entmachtung)

Fallbeispiel »Rivalen/Rivalinnen«: Jede Herausforderung verträgt nur eine α-Position. Daher kann es dazu kommen, dass zunächst mehrere ehrgeizige Personen um die einzige α-Position rivalisieren. Das ist dann zu erwarten, wenn das Ziel leicht erkennbar ist, insbesondere wenn es sogar explizit vorgegeben wird, wie etwa im Setting eines Assessmentcenters – hier geht es ja um die Auswahl des Führungsnachwuchses. Da überbieten einander die Teilnehmer/innen mit Aktionen, die ihren Führungsanspruch demonstrieren sollen (derartige Situationen werden oft durch den Ausspruch »zu viele Häuptlinge, zu wenige Indianer« charakterisiert). Unter diesen Umständen kann es helfen, rasch eine neue Herausforderung zu konstruieren, die darin besteht, ein übergeordnetes Interesse in den Vordergrund zu stellen und ihm zum Durchbruch zu verhelfen. Diese neue Herausforderung H_2 beinhält dann nach dem Schema von Abb. 4 gewissermaßen die ursprüngliche Herausforderung H_1. Das geschieht etwa dadurch, dass die einzelnen Beiträge der Rival/innen geistesgegenwärtig durch eine Person »αα« aufgenommen und auf einem Flipchart festgehalten werden, um sie anschließend unter der Führung von »αα« zu diskutieren. Gelingt das durch entsprechende Entschlossenheit, Selbstsicherheit, ganz besonders aber durch das Tempo des Vorgehens, dann hat »αα« die Führung errungen.

Die jeweils gegensätzlichsten Ränge sind α gegenüber γ sowie β gegenüber Ω; das hängt mit folgenden Eigenschaften der Ränge zusammen:

- α führt eigenständig, während γ folgt und sich dabei voll mit α identifiziert – diese Eigenschaften sind nicht umkehrbar.
- β steht dem Team zwar nahe, identifiziert sich aber mit niemandem aus dem Team und ist somit unabhängig beratend; Ω ist im Gegensatz dazu ganz Gruppenmitglied, allerdings mit der Besonderheit, sich nicht mit α, sondern mit der Herausforderung zu identifizieren; niemand sonst hat diese Perspektive.
- Rangwechsel innerhalb eines bestehenden Teams wider diese Gegensätze werden von den jeweiligen Personen emotional als besonders schwierig wahrgenommen – und doch sind sie in bestimmten Situationen notwendig und auch möglich.

Versuchen Sie bei der nächsten sich bietenden Gelegenheit (am besten bei einem Gespräch in einem nicht allzu wichtigen beruflichen oder privaten Zusammenhang) zu ermitteln, in welchem der Ränge Sie sich gerade befinden.

Nebenbei hingeworfene Bemerkungen mit Ihnen vertrauter Personen können dazu treffende Hinweise liefern. Sobald Ihnen Ihr Rang bewusst ist, versuchen Sie einmal, sich nach dem dazu *gegensätzlichen* Rang zu verhalten. Beachten Sie, welche Emotionen dabei in Ihnen hochkommen und wie andere Menschen darauf reagieren. Eine interessante Erfahrung steht Ihnen bevor. Die Erkenntnisse daraus lassen sich bei anderen Gelegenheiten gut einsetzen.

Im Einzelnen gelten für die vier Ränge folgende Aussagen bzw. Regeln, deren Nichteinhaltung die anderen Teammitglieder verunsichert und damit die Struktur des Teams, vor allem aber die jeweils eigene Position gefährdet:

α-Position: Alpha – »Teamleiter/in« oder »Führungsperson«

- α ist das Vorbild, repräsentiert nach innen und außen die Ideen, Ziele und Werte der Gruppe – also ihre Identität.
- α kommuniziert das nutzenorientierte Ziel, ohne viel zu argumentieren, und handelt.
- α fühlt sich vor allem den γs verantwortlich – und soll das auch tun.
- α lebt die Teamidee und achtet darauf, dass sie hochgehalten wird und dass ihm die γs folgen – dieses Streben erzeugt Druck auf α, vereinfachend oft als »Erfolgsdruck« bezeichnet.
- α anerkennt β, γ und Ω und ihre Leistungen für das Team.
- α wechselt ständig zwischen seiner eigenen Position und β, γ und Ω, nimmt also immer wieder andere Perspektiven ein, um die Menschen und deren Positionen würdigen zu können; das bedeutet, dass α seine Führungsposition bewusst und kontrolliert selbstständig immer wieder verlässt – eine notwendige Verhaltensweise, die in verschiedensten Zusammenhängen in diesem Buch immer wieder angesprochen wird.

β-Position: Beta – »Berater/in« oder »Expert/in«

- β steht »am Rand« des Teams.

- β ist innerlich nicht sehr stark mit dem Team verbunden, kennt aber die Teaminteressen sehr gut – »ist für die anderen da«.
- β berät α und das Team, befasst sich aber auch mit anderen potenziellen Teamherausforderungen und -zielen.
- β kann rasch zum α werden, wenn sich α selbst zu weit von der Gruppe und ihrem »gemeinsamen Nenner« entfernt oder wenn α menschlich oder aus Inkompetenz versagt; β muss dazu allerdings Führungsverhalten zeigen – was typischen βs mit ihrer distanzierten Haltung nicht immer leicht fällt.

γ-Position: Gamma – »Teammitglied« oder »Mitglied«

- Die γs identifizieren sich mit ihrem α und leben so das Unbewusste von α.
- Die γs erwarten von α die Aggression, die sie selbst gegen die Herausforderung anwenden wollen.
- Ein γ erlebt seine Arbeit als »mühelos« und opfert sich dafür oft gerne auf – in hoch motivierten Teams häufig zu erleben.
- Die γs tragen durch ihre Resonanz die Bewegung des α mit und stellen damit die Gemeinsamkeit des Teams her.
- γs hassen Ωs, denn sie spiegeln die Angst des Teams – wer mag das schon?

Ω-Position: Omega – »Skeptiker/in« oder »Querulant/in«

- Ω repräsentiert im Inneren der Gruppe die Herausforderung, identifiziert sich mit ihr, leistet Widerstand gegen die Mehrheitsmeinungen, stellt kritische Fragen, provoziert durch seine Kommentare.
- Ω repräsentiert Schwäche und Ohnmacht der Gruppe.
- Schwache Teamelemente werden rasch zu Ωs, vor allem aber Menschen, die »anders« sind als die Mehrheit der Gruppe.
- Ωs sind wertvolle Ressourcen für die Gruppe und sind immer wieder zur Meinungsäußerung zu ermutigen und anzuregen; umgekehrt erfordert eine laufende, rechtzeitige Kritik (statt Besserwisserei im Nachhinein) auch Mut und Reife seitens der Ωs.

- Strategien *unterdrückter* Ωs reichen vom »Mauern« über Destruktion und Geiselnahme bis hin zu Terror und Selbstmord in extrem ideologisch motivierten Gemeinschaften.
- In manchen Institutionen werden Ωs zur »Opposition« bewusst aufgewertet und mit besonderen Rechten ausgestattet; das gehört zu den größten Kulturleistungen moderner Demokratien, erfordert aber auch eine erhebliche Reife der Ωs, um ihre andere Perspektive verantwortungsbewusst und konstruktiv zu vermitteln.
- Die Mutation vom Ω zum »Prügelknaben« oder »Sündenbock« und dessen Ausschluss ist ein Krisensymptom; es kann den Anfang vom Ende des Teams ankündigen; wird der Ausschluss von α zusätzlich noch gefördert oder sogar betrieben, hat das schwersten Vertrauensverlust innerhalb der gesamten Gruppe und eine Verstärkung der Krisensymptome zur Folge.
- Ω nimmt in Konfliktsituationen drei mögliche Haltungen ein:
  - Heroisch, aufrührerisch, auf Umkehr verweisend: Anwachsende Popularität lässt baldiges Umschlagen der Stimmung erwarten – »die Letzten werden die Ersten sein«.
  - Ängstlich, ambivalent, zögernd: Anwachsende Popularität ist ein Maß für das Konfliktbewusstsein des Teams.
  - Betont schwach, überlässt sich der Lächerlichkeit und befördert diese womöglich noch: Anwachsende Popularität zeigt, dass die Gruppe den Konflikt nicht mehr bewältigen, sondern nur mehr ertragbar machen kann.

Fallbeispiel »Ausschluss des Prügelknaben«: In einem Forschungslabor herrscht gedrückte Stimmung: Das wichtigste, seit einem halben Jahr laufende Projekt scheint in seiner Finanzierung durch Sparmaßnahmen im Unternehmen gefährdet. Herr Posledny treibt den Chef, Herrn Antal, mit seinen ätzenden Bemerkungen über ungenaue Formulierung der Forschungsziele, Fehler in der Projektplanung und Fehlbesetzungen im Team zur Weißglut. Als Herr Posledny ein wichtiges Messgerät, für das es im Unternehmen keinen

Ersatz gibt, ausgerechnet vor dem realen Beginn der nächsten Messreihe zur Kalibrierung an eine ausländische Prüfstelle schickt (nach der unrealistischen Planung Herrn Antals wäre das Gerät zu diesem Zeitpunkt nämlich nicht mehr gebraucht worden) und damit der Termin für den nächsten Meilenstein endgültig platzt, platzt dem Chef seinerseits der Kragen: Er feuert Herrn Posledny mit der Begründung, seinen Aufgaben vorsätzlich nicht nachgekommen zu sein. Herr Posledny geht mit seiner Entlassung zwar vor das Arbeitsgericht, ist aber vorerst jedenfalls ausgeschlossen. Zwei Kollegen/Kolleginnen, die mit ihm eng zusammengearbeitet haben, suchen um Versetzung im Unternehmen an und kündigen selbst, als ihnen keine adäquate Position angeboten wird. Für die Unternehmensleitung ist die damit entstandene Situation – das Projektteam ist jetzt personell einfach nicht mehr in der Lage, seine Aufgaben zu erfüllen – der Anlass, das Projekt endgültig einzustellen. Herr Antal jammert bei jeder sich bietenden Gelegenheit darüber, wie verantwortungslos Herr Posledny gehandelt hat.

Weitere Regeln und Erkenntnisse der Rangdynamik, die Veränderungen in Teams betreffen, kommen später zur Sprache.

1.3 Führung legitimieren

Bis hier war es nicht notwendig, zwischen verschiedenen Arten von Führung zu unterscheiden – alles Bisherige gilt für Führung in jedem beliebigen Zusammenhang. Zudem wurde das Phänomen Führung nur vom gruppendynamischen Blickwinkel her beschrieben. Jetzt ist der Punkt erreicht, an dem das Phänomen Führung selbst näher zu untersuchen ist.

Zunächst: Was ist eigentlich Führung? Das Verständnis von Führung hat sich im Laufe der Menschheitsgeschichte erheblich gewandelt. Bis zum heutigen Tag ist es stark von kulturellen und damit gesellschaftlichen Einflüssen geprägt. Für die westliche Kultur etwa ist seit Jahrzehnten ganz allgemein eine Tendenz weg von autoritärer hin zu eher partnerschaftlicher Führung zu beobachten. Und je nach dem Fokus, der im Vordergrund steht, ändern sich die Bezeichnungen, mit denen der Begriff Führung näher bestimmt wird. Für das Thema dieses Buchs legen wir die folgende Definition zugrunde:

Führen heißt Bedingungen zu gestalten, unter denen alle Geführten koordiniert, freiwillig und dauerhaft zu ihrer besten Leistung im Sinne der mit der Führungsperson vereinbarten Ziele kommen.

Diese Definition stammt im Wesentlichen von Rolf Mohr mit dem Unterschied, dass der bei ihm noch enthaltene letzte Rest an autoritärem Anspruch auf von der Führungsperson *vorgegebene* Ziele durch die mit der Führungsperson *vereinbarten* Ziele ersetzt wurde. Beim lateralen Führen und besonders im Netzwerkkontext sind unabgestimmte Zielvereinbarungen ganz einfach unrealistisch und im Allgemeinen nicht umsetzbar. Ziele können und sollen selbstverständlich auch von der Führungsperson eingebracht werden – gerade diese ständig spürbare Initiative ist ja ein wesentliches Merkmal der Qualifikation zum Führen. Es genügt allerdings nicht, sie einfach vorzugeben, sie sind mit dem Team abzustimmen und zu vereinbaren. Mehr dazu in Abschnitt 1.5, in dem es um den Delegationsprozess geht.

Der bisher gezeigte, rein gruppendynamisch bestimmte Weg in eine Führungsposition genügt in einer bestehenden Organisation noch nicht, um mit dem Anspruch auf eine Führungsfunktion anerkannt zu werden, also die *Führungslegitimation* zu haben. Die Führungslegitimation umfasst zwei Komponenten, nämlich

(1) die *institutionelle Führung*, also die bloße (Linien-) Vorgesetztenfunktion, die von Vorgesetzten bzw. Leitern/Leiterinnen, ausge-

übt wird, deren Rechte (insbesondere ihre Weisungsbefugnis) und Pflichten allein durch ihre Positionen bestimmt werden; und

(2) die *informelle Führung*, die die Anerkennung (Akzeptanz) der Führungsperson durch die Geführten braucht; nur die *akzeptierte* Gestaltung der Bedingungen durch die Führungsperson ist als Führung im umfassenden Sinn zu bezeichnen.

Fallbeispiel »Fach- vs. Managementkarriere«: In Industriebetrieben, in denen zahlreiche Mitarbeiter/innen zu führen sind, andererseits aber die Anzahl der Hierarchieebenen beschränkt werden soll, kommt es vor, dass der institutionelle Teil der Führung für eine gesamte große Organisationseinheit von einer einzigen Person wahrgenommen wird. Der informelle Teil samt persönlicher Akzeptanz wird dann zur Verkleinerung der Führungsspanne auf mehrere fachlich kompetente Führungspersonen aufgeteilt, denen der hierarchische Rang der formellen Führung verwehrt bleibt. Das führt dazu, dass Fachkompetenz gegenüber hierarchischem Rang (mit Managementkompetenz gleichgesetzt) geringgeschätzt wird. Dieser Tendenz wird heute durch die Einführung ausgesprochener Fachkarrieren entgegengewirkt, die die fachliche Leistung aufwerten. Das Grundproblem, dass fachlich qualifizierte Personen gegenüber solchen mit Managementkompetenz weniger Chancen haben, an die Spitze einer Organisation vorzurücken, bleibt damit dennoch bestehen.

Fallbeispiel »Projektleitung«: Ein Projekt zur Leitung übertragen zu bekommen bedeutet zwar, die institutionelle Führung von oben gewollt innezuhaben – allerdings oft in sehr eingeschränkter Form. Abgesehen von sehr großen Projekten haben Projektleiter/innen nämlich nur selten personelle Dispositionsgewalt. Sie bekommen Mitarbeiter/innen meistens zugeordnet, dürfen sie also nicht selbst rekrutieren, und sind bezüglich ihrer Personalressourcen von Linienvorge-

> setzten abhängig. Unter dieser Voraussetzung sind laterale Führungstechniken für Projektleiter/innen ebenfalls unverzichtbar. Das gilt unabhängig davon, ob ihre Projekte in eine einzige Organisation oder in Netzwerke eingebettet sind.

Der institutionelle Teil der Führungslegitimation, also die institutionelle Führung, kann

- organisatorisch durch formelle Einordnung in die Organisation,
- rechtlich durch Übernahme einer gesetzlich definierten Funktion, etwa jener der handelsrechtlichen Geschäftsführung, und/oder
- demokratisch, etwa durch eine Wahl oder Akklamation,

zustande kommen.

Die volle Führungslegitimation, auch *formelle Führung* oder *Linienführung* genannt, setzt somit beide Komponenten, (1) + (2), voraus.

Auf der Basis dieser Unterscheidung wird klar, dass der gruppendynamisch bestimmte Weg in eine Führungsposition lediglich den informellen Teil der Führungslegitimation, also die informelle Führung, erreichen lässt.

Das Phänomen der informellen Führung ist aus realen Organisationen bekannt: Immer wieder kommt es vor, dass begabte Menschen ohne institutionelle Führungsfunktionen andere zur Erfüllung bestimmter Aufgaben hinter sich scharen und das so entstandene Team dann zum Erfolg führen und die gestellte Aufgabe erreichen. Das passiert häufig, wenn auch ungewollt, unter »schwachen« Führungskräften, die ihre Verpflichtungen nicht vollständig ausüben. Auch in Notsituationen, angefangen von der sehr trivialen aus Abschnitt 1.1 bis hin zu Katastrophenfällen, in denen erheblicher Druck zur raschen Strukturierung der Gruppe besteht, kommt es zu diesem Phänomen. Sobald die Herausforderung bewältigt ist oder aus anderen Gründen wegfällt, endet auch die informelle Führung; die informelle Führungsperson ist wieder eine Person unter vielen.

Die Verantwortung, der sich eine informelle Führungsperson verpflichtet fühlt, wird im Grunde nur von ihr selbst, manchmal auch von der so entstandenen Gemeinschaft, definiert. Sie kann daher auch ohne weiteres missbraucht werden – eine Erscheinung, die in kriminellen Organisationen zur Regel wird. Besonders perfide informelle Führer machen sich hier zusätzlich den altruistischen »Robin-Hood-Effekt« zunutze, indem sie Werte eines Teils der übergeordneten Gemeinschaft als Motiv für ihre eigenen Bestrebungen nutzen, die keineswegs frei von Eigennutz sein müssen und es meistens auch nicht sind. Das kann eine gefährliche Spaltung dieser Gemeinschaft bewirken, und damit wird informelle Führung höchst fragwürdig.

Zum Unterschied davon ist laterale Führung, das Rückgrat des erfolgreichen Führens in Netzwerken, eine aufgewertete Form der informellen Führung: Sie kommt so wie diese zustande, ordnet sich jedoch der übergeordneten Gemeinschaft bewusst unter und wird von dieser oft nicht nur toleriert, sondern aus Nützlichkeitserwägungen sogar bewusst und offen akzeptiert – solange es ihr gefällt. Die »übergeordnete Gemeinschaft«, in der Folge »das System« genannt, kann im einfachsten Fall eine einzelne Organisation sein, die in ihrem Inneren laterale Führung zulässt. Sie kann aber auch aus einem heterogenen Netzwerk mehrerer voneinander unabhängiger Organisationen, eventuell durchmischt mit Einzelpersonen, bestehen, von dem lateral geführte Vorhaben verfolgt werden – die allgemeinste Situation, auf die sich dieses Buch auch bezieht. Die laterale Führungsperson ist sich dieser Abhängigkeit vom System voll bewusst und ordnet sich ihr freiwillig unter, ohne über institutionelle Anteile einer Führungslegitimation auch nur einer einzigen der beteiligten Organisationen verfügen zu müssen. Genau darin besteht die Stärke des lateralen Führens: Es sind keine formalen Abkommen notwendig, unabhängig davon, wie viele Organisationen an dem Vorhaben teilnehmen, wie groß also das System ist.

Laterales Führen bildet informelles Führen bewusst nach. Es braucht dazu Grundannahmen, um im System akzeptiert zu werden und um dauerhaft bestehen zu können – während sich informelles Führen darum nicht kümmert. Diese Grundannahmen decken sich nicht zufällig mit jenen der systemischen Organisationslehre:

- *Wir sind an Systemerhalt und Systemwachstum interessiert.*
- *Wir akzeptieren Systeminteressen als unseren persönlichen sowie Gruppen-/Teaminteressen übergeordnet.*
- *Wir tragen Verantwortung für das System, für andere Akteure und Beteiligte und für uns selbst.*
- *Wir nutzen die legitime Ordnung, ihre Regeln und ihre Spielräume zum Wohle des Gesamtsystems.*
- *Wir respektieren alle gesellschaftlich anerkannten und alle im System geforderten ethischen Grundsätze.*
- *Das System toleriert und akzeptiert laterales Führen.*

Daraus folgt, dass sich laterales Führen nicht für beabsichtigte revolutionäre (das heißt systemwidrige) Veränderungen eignet: Wer das versucht, wird zu einem Ω des Systems und provoziert den eigenen Ausschluss.

Auch im Bereich der formellen Führung gibt es Phasen, die laterales Führen temporär notwendig machen, nämlich bei Rollenwechseln:

- Quereinsteiger/innen beginnen als Ωs und brauchen Führungsqualitäten zum Erfolg – erst so rücken sie zur α-Position vor; am wirkungsvollsten und nachhaltigsten geschieht das durch nachweisbare Erfolge, die nicht einmal besonders groß sein müssen, aber Potenzial für eine positive Weiterentwicklung erkennen lassen.

- Alle krisenbedingten Wechsel zu α-Positionen, sofern kein(e) Stellvertreter/in vorhanden ist.
- Wenn neue Ziele erkennbar sind und diese als evolutionäre Veränderungen akzeptiert werden, kann jemand aus einer γ-Position zu einer neuen α-Position vorrücken.
- Weil bei βs häufig die notwendige Identifikation mit dem Team zu schwach ist, werden αs aus der β-Position eher seltener rekrutiert.

Ganz allgemein wird laterales Führen dann notwendig, wenn jemand mit dem institutionellen Teil der Führungslegitimation ausgestattet wird, ohne bereits über die Anerkennung der Geführten zu verfügen.

Hier eine Übersicht der Anforderungen an laterale Führung mit Erläuterungen, welchen Zweck diese einzelnen Anforderungen dabei erfüllen:

Laterales Führen erfordert ...	*Wozu?*
• *rangdynamisch positionsgemäßes Verhalten als α*	• *Akzeptanz der Person benötigt ein zu α passendes Auftreten*
• *zu Beginn: neue Ziele*	• *neue Ziele berechtigen zum Rollenwechsel*
• *die neuen Ziele müssen für künftige Gruppenmitglieder und für das System klar und plausibel erkennbar sein*	• *Erkennbarkeit des Ziels ist Vorbedingung für dessen Akzeptanz*
• *neue Ziele müssen vom künftigen Team und vom System als evolutionäre Veränderungen akzeptiert werden können*	• *Führungsperson wird, wessen Ziele akzeptiert werden; revolutionäre Ziele werden nicht allgemein anerkannt*
• *das Ausüben der Führung*	• *Führungsperson bleibt, wer die Führung tatsächlich ausübt*

1.4 Ziele setzen

Wie die informelle Führung verfügt auch die laterale Führung über keinerlei Weisungsbefugnisse. Zur Verfolgung ihrer Ziele können laterale Führungspersonen keine Führungshandlungen auf Basis irgendwelcher Ansprüche, durch Druck oder gar mit Gewalt setzen. Vielmehr kommt es darauf an, Vertrauen zu schaffen, Verständnis zu erzeugen und die Interessen aller Betroffenen abzugleichen. Andere Mittel stehen hier nicht zur Verfügung.

Dazu gehört, Ziele nicht einfach irgendwie zu verkünden, sondern so überlegt, dass sie die zu führenden Personen insbesondere hinsichtlich ihres Nutzens erkennen und akzeptieren (können). Es ist dabei völlig normal, Ziele im Team zu besprechen und auszuhandeln. Ein Verständnis der Voraussetzungen und Prozesse, die zur Formulierung wirksamer Ziele führen, ist hier hilfreich.

Ein Nutzen liegt dann vor, wenn ein Bedürfnis befriedigt wird. Unsere Bedürfnisse entstehen aus Umweltgegebenheiten unter dem Einfluss unserer Werte und unserer bewussten oder unbewussten Vorstellungen vom Sinn unseres Lebens; s. Abb. 5.

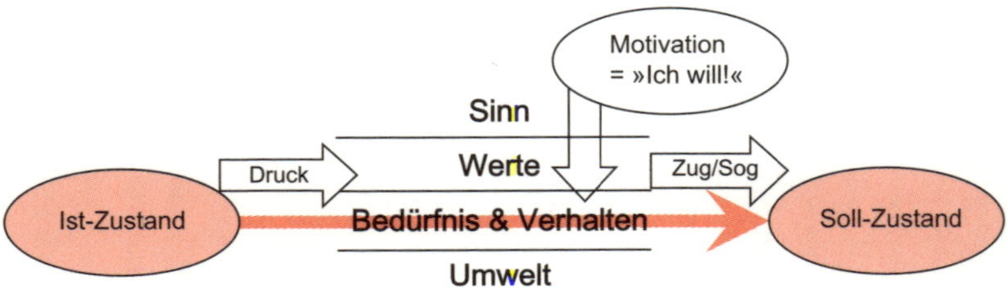

Abb. 5: Das Zustandekommen von Bedürfnis und Verhalten als Folge von Umgebungsbedingungen und Persönlichkeitsstruktur.

Weicht der Soll- vom Ist-Zustand ab und hat das für unseren Lebenssinn und unsere Werte (unsere Persönlichkeitsstruktur)

Bedeutung, entstehen ein Bedürfnis und ein Verhalten, die das Ist ans Soll heranführen wollen – wir sind motiviert, uns so zu verhalten, und wollen, dass es so geschieht.

Der aus Ist-Zustand und Bedürfnis konstruierte Soll-Zustand ist der Nutzen, der das Bedürfnis möglichst weitgehend befriedigt. Der Weg zu diesem Nutzen lässt sich unterteilen in einen dem Nutzen vorgelagerten Zustand, das Ziel, und in die Tätigkeit, die vom Ist zu diesem Ziel führt – die Aufgabe; s. Abb. 6.

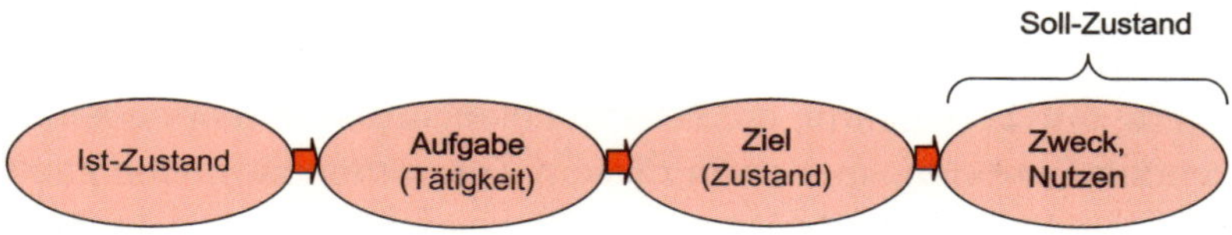

Abb. 6: Vom Ist-Zustand über das Ziel zum Zweck.

Ein einfaches praktisches Beispiel zeigt, was diese Unterteilung sinnvoll macht: In der Regel kann ein Nutzen über mehrere Ziele erreicht werden, und es ist ratsam zu überlegen, welches dieser Ziele den Nutzen bestmöglich (zum Beispiel mit dem besten Kosten-/Nutzen-Verhältnis oder entsprechend anderen Beurteilungskriterien) erreicht; s. Abb. 7.

Abb. 7: Beispiel: Ein Nutzen ist über mehrere Ziele erreichbar.

Um den Soll-Zustand (Nutzen) optimal zu erreichen, beantwortet eine glaubwürdige und wirkungsvolle Zielformulierung möglichst klar und direkt die folgenden vier *Zielfragen*:

- Nutzen: WOZU dient, was wir tun?
- Aufgabe: WAS tun wir konkret?
- Nutznießer: FÜR WEN tun wir das?
- Methoden und Zielkriterien: WIE tun wir das, und WIE wissen wir, ob wir es geschafft haben?

Die Frage nach dem Nutznießer, FÜR WEN?, ist eng mit dem Ist-Zustand und mit der Motivation verbunden. Tun wir etwas für uns selbst, ist die Motivation manchmal in größerem Ausmaß vorhanden, als wenn wir etwas für andere tun. Immer geht es darum, für den gewünschten Nutzen einen bestimmten Preis zahlen zu müssen – in Form von Zeit, Leistung, Selbstüberwindung usw. Werte und Lebenssinn, die Persönlichkeitsstrukturen der ausführenden Personen, spielen in diesem Zusammenhang eine ganz wichtige Rolle: Sind die Werte der Nutznießer/innen und der Ausführenden wenig oder gar nicht kompatibel, wird die Ausführung auf Widerstand stoßen, und das Ziel wird nur schwer, unvollständig oder gar nicht erreicht.

Dazu eine Übung, die Ihnen Einsichten in Ihre eigenen Werte ermöglicht:

- Nennen Sie *eine berufliche Tätigkeit, die Zeit beansprucht und die Sie gerne tun,* und notieren Sie sie.
- Jetzt betreiben Sie Gewissenserforschung, indem Sie sich immer wieder die Frage stellen: *Warum ist das wichtig für mich?* Diese Frage bezieht sich also beim ersten Mal auf die Tätigkeit, alle weiteren Male auf die jeweils vorangegangene Antwort. Notieren Sie die jeweilige Antwort in einem einfachen, kurzen Satz.
- Sobald Sie hintereinander zweimal die (fast) gleiche Antwort geben, ist die Übung beendet.
- Nach der sechsten Antwort ist die Übung jedenfalls zu Ende.

Es folgt eine kurze Reflexion:

- Betrachten Sie Ihre Antworten – wo führen sie hin?

- Wie könnten Sie diese »Bestimmung« (das ist der Sinn, der beim Erreichen der Bestimmung erfüllt wird) treffend beschreiben – gibt es ein Wort, ein Bild, eine Metapher dafür?
- Was hat diese Bestimmung mit dem zu tun, was Sie gerne tun?
- Die einzelnen Antworten entsprechen Ihren Werten, möglicherweise auch nur wichtigen Bedürfnissen. Welchen sind Sie auf dem Weg zur Bestimmung begegnet? Jede einzelne unterschiedliche Antwort repräsentiert eine Komponente Ihrer Motivation.

Nach dieser Übung verstehen Sie besser, wie wichtig es sein kann, über die Werte und den Lebenssinn anderer Menschen Bescheid zu wissen – vor allem, wenn wir sie dazu gewinnen wollen, etwas für uns oder für andere zu tun.

Um das bei potenziellen Mitarbeitern/Mitarbeiterinnen herauszufinden, ist es allerdings *nicht* ratsam, genau die Methode der vorangegangenen Übung anzuwenden, denn Menschen, die im realen Leben in dieser Art befragt werden, weigern sich sehr bald, darauf weitere Antworten zu geben. Fragen, die mit *Warum*, *Wieso* oder *Weshalb* beginnen, erzeugen schon nach wenigen Wiederholungen eine Art Verhöratmosphäre, und die macht auch selbstsichere Persönlichkeiten rasch nervös. In einem entspannten Gespräch und beim Smalltalk bekommt man hingegen viele dieser Antworten oft ganz freimütig und ohne bohrendes Fragen, einfach durch aufmerksames Zuhören: Welche Themen werden selbstständig angeschnitten? Was wird in den Gesprächsmittelpunkt gerückt? Was zaubert einen gelösten, erfreuten oder besorgten, jedenfalls aber interessierten Ausdruck auf das Gesicht des Gegenübers? Das sind Hinweise auf wichtige Themen, die immer mit Werten oder daraus entstandenen Grundbedürfnissen zu tun haben. Es ist außerordentlich nützlich, bei der Zielformulierung, und hier besonders bei Beantwortung der Frage FÜR

WEN?, diese Erkenntnisse zu nutzen: Wer weiß, was andere bewegt, kann selbst mehr bewegen!

Eine wirksame Zielformulierung berücksichtigt also sowohl die Nutznießer als auch die Ausführenden. Je besser die Motivationsstruktur der beiden übereinstimmt, desto mehr werden sich die Ausführenden ihre Aufgabe zu eigen machen, und desto leichter und besser wird das Ziel erreicht. Die folgende Übersicht zeigt, worauf es ankommt.

WOZU?/WOFÜR?

- *Welche Bedürfnisse werden befriedigt?*
- *Attraktiver Nutzen*
- *Anspruchsvoll*

WAS?

- *Worum geht es?*
- *Konkretes Endergebnis*
- *Ziel hat die Form einer Zustandsbeschreibung*

Ziel

FÜR WEN?

- *Wer hat Bedürfnisse?*
- *Wer sind die Nutznießer?*
- *Was treibt sie an?*
- *Wo ist das Ende der »Nutzenkette«?*

WIE? – Kriterien

- *Im eigenen Einflussbereich*
- *Im Bereich des Möglichen*
- *Woran erkennbar/messbar/eingrenzbar?*
- *Termin/Zeitraum*
- *Evtl. auch: WIE NICHT? (die sog. Nichtziele)*

Auch dazu eine Übung:

Angenommener Ist-Zustand: *»Meetings haben die Tendenz, unkontrollierbar auszuufern, und liefern dabei keine Resultate.«*

- Aufgabe 1: Wie könnte eine geeignete Zielformulierung lauten?
- Beispiel einer geeigneten Zielformulierung: *»Um Zeit zu sparen, dauern meine Projektmeetings ab dem nächsten*

Monat längstens zwei Stunden; sie haben eine Tagesordnung und werden mit Ergebnisprotokoll und Aktionsliste abgeschlossen.«

- Aufgabe 2: Finden Sie heraus, welche Teile dieser Beispielsformulierung welche der vier Zielfragen beantworten.
- Aufgabe 3: Denken Sie sich ein einfaches, persönliches, möglichst alltäglich brauchbares Ziel aus und formulieren Sie nach dem obigen Muster Ihre eigene wirksame Zielformulierung und halten Sie sie schriftlich fest.
- Aufgabe 4: Selbst wenn Sie sich keine konkreten Aktionen zur *Zielerreichung* vorgenommen haben – beobachten Sie einige Zeit, wie sich der Ist-Zustand in Relation zum Ziel aus Aufgabe 3 verändert. Wenn es ein alltäglich brauchbares Ziel ist, genügen fünf … zehn Tage, sonst entsprechend mehr. Sie werden staunen.

WICHTIGER TIPP: Machen Sie es sich zur Gewohnheit, Ziele samt den Zwischenstadien, die sie auf dem Weg zur endgültigen Formulierung durchlaufen, IMMER schriftlich festzuhalten und bis zur Zielerreichung leicht erreichbar abzulegen. Schriftlich fixierte Ziele haben eine ungleich stärkere und dauerhaftere Wirkung als solche, die nur in Ihren Gedanken existieren. Handschriftliches Festhalten der Ziele steigert die Wirkung zusätzlich.

1.5 Aufgaben delegieren

Wenn es um Ziele und Aufgaben geht, die so umfangreich sind, dass sie auf mehrere Personen verteilt werden müssen, dann sind Teilziele zu setzen und Teilaufgaben zu delegieren. Schon aus der Führungsdefinition in Abschnitt 1.3, Seite 28, vor allem aber aus praktischen Gründen (die zu dieser Führungsdefinition Anlass gegeben haben), geht es dabei nicht um ein *Anordnen* oder auch nur um ein *Vorgeben*, sondern immer um ein *Vereinbaren* von Zielen und Aufgaben mit den Menschen, die die Arbeit leisten sollen, und um das anschließende *Freigeben*. Hier die wichtigsten Regeln, wie das am wirkungsvollsten geschieht.

Regeln für das Delegieren von Zielen und Aufgaben:
- *Teilziele und Teilaufgaben sind ausnahmslos im Dialog mit der Person zu erarbeiten, an die delegiert werden soll.*
- *Ins Boot holen statt Druck auszuüben – nur so wird Verantwortung bewusst und gerne übernommen.*
- *Aufgaben beschreiben den Weg zum Ziel …*
  - *so knapp wie möglich – oder wollen Sie sich im Detail vorschreiben lassen, welchen Weg Sie gehen sollen?*
  - *so ausführlich wie notwendig – die notwendigen Details sollen für sich jeweils wie Teilziele betrachtet werden.*
- *Nur wirklich notwendige Teilziele festlegen.*
- *Wichtigster Grundsatz: FREIgeben statt VORgeben.*

Was bedeutet *Dialog* für die Führungsperson im Zusammenhang mit dem Delegieren von Aufgaben? Dialog bedeutet, sich selbst, das Gegenüber und die übrigen, oft abwesenden Beteiligten (Stakeholder) eines Vorhabens sowie die Außenwelt als Teile einer Gesamtperspektive zu sehen und immer wieder zwischen den Teilperspektiven zu wechseln, um sie angemessen zu berücksichtigen. Im Dialog können alle denkbaren Fragen, Antworten, Bewertungen, Bitten, Zustimmung, Ablehnung, Kritik usw. vorkommen – immer in wertschätzender Form.

Dialog ist die einzig mögliche verbale Kommunikationsform im lateralen Führungsprozess und notwendig …
- *um Bedürfnisse, Werte und Sinn der Beteiligten zu erfahren und zu vermitteln,*
- *um attraktive, wirkungsvolle Teilziele zu vereinbaren,*
- *um Teilaufgaben zu delegieren,*
- *zur Vorbereitung haltbarer Entscheidungen,*
- *als Teil der Steuerung von Zielerreichung und Aufgabenerledigung, insbesondere mittels Feedback/Feedforward.*

Das folgende Schema, Abb. 8, zeigt einen vollständigen Delegationsprozess in aller Komplexität. Dieser Detaillierungsgrad passt selbst für sehr umfangreiche Aufgaben bis hin zu kompletten Projekten; die einzelnen Prozessschritte – entsprechend jeweils einer Zeile im Bild – können sich in solchen Fällen auch über Tage hinweg erstrecken, und Vereinbarungen können zu umfangreichen Dokumenten werden. Bei einfachen Aufgaben hingegen werden Vorgänge wie etwa der dritte Schritt »Vision entwickeln« innerhalb von Minuten abgehandelt. *Alle Schritte müssen jedoch tatsächlich konkret gemacht werden.*

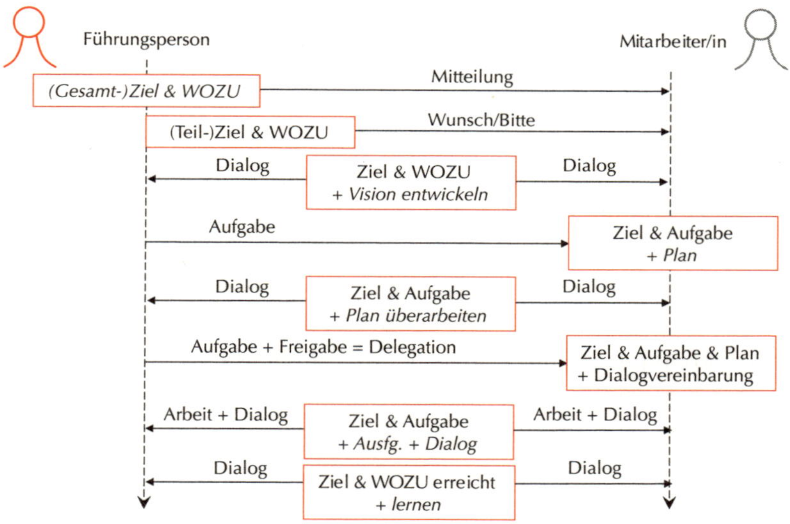

Abb. 8: Delegationsprozess; die Pfeile geben die Kommunikationsrichtung an.

Wesentlich ist, dass Delegieren nicht heißt, etwas einseitig anzuordnen. Delegieren umfasst vielmehr sämtliche Vorgänge ab der vorläufigen Bekanntgabe eines Delegationswunschs bis zum Abschluss des Lernprozesses nach erbrachter Aufgabe; s. letzte Zeile in Abb. 8.

Durch diese Form der Abwicklung einer Aufgabendelegation wird wie von selbst auch die Vermittlung des Sinns der Aufgabe perfekt miterledigt. Um den Sinn geht es immer dann, wenn die Frage WOZU? gestellt und beantwortet wird.

Fallbeispiel »Projekt Visionsentwicklung«: Der Vorstandsassistent eines großen öffentlichen Versorgungsbetriebs erhält den Auftrag, als Leiter eines von ihm aufzusetzenden Projekts die Vision des Unternehmens für die nächsten drei Jahrzehnte zu überarbeiten; er darf dazu auf die Leiter/innen der sechs Unternehmensbereiche »zugreifen«, die ihn mit dem Fachwissen aus den Bereichen »unterstützen« sollen. Das wird vom Vorstand auch an die Bereichsleiter so kommuniziert. In einem ersten Workshop wird ein Themenkatalog erarbeitet, aus dem bereits erste Detailaufgaben ableitbar sind. Zum Erstaunen des Projektleiters ist aber zum vereinbarten nächsten Termin nicht nur keine einzige dieser Detailaufgaben erledigt, sondern es wird auch der Themenkatalog komplett über den Haufen geworfen. Und dieser Ablauf wiederholt sich über drei weitere Workshops. Der Projektleiter hat den Eindruck, dass die Bereichsleiter/innen keine γs sein und konkrete inhaltliche Arbeit leisten, sondern ihm lediglich als βs beratend zur Seite stehen wollen. Erst jetzt wird ihm bewusst, dass bisher niemals konkret über Aufgaben und deren Abwicklung gesprochen wurde; es wurde immer so getan, als wüssten alle, was im Einzelnen zu tun sei. Als er die Situation zu Beginn des fünften Workshops offen zur Sprache bringt, hört er von den sechs Bereichsleiter/innen das Argument, sie sollten doch laut Vorstand »nur unterstützen« – und aufgrund ihrer Arbeitsbelastung seien sie auch gar nicht in der Lage, mehr als das zu tun. Der Vorstandsassistent besinnt sich nun auf seine Rolle als Projektleiter und spricht erstmals konkret und explizit mit seinem Team über Ziele, Aufgaben, deren Aufteilung und Abwicklung. Dabei stellt er klar, dass er nicht erwarte, dass diese Aufgaben persönlich erledigt würden, sondern dass dafür die Fachabteilungen der Bereiche einzuschalten seien und dass es Aufgabe der Bereichsleiter/innen sei, die entsprechenden Delegationsgespräche mit ihren Leuten auch selbst zu führen. Mit einem beiläufigen Hinweis auf die von ihm bereits mehrmals wahrgenommene Ungeduld beim Vorstand unterstreicht er seine Führungslegitimation als Projektleiter. Ab sofort trifft er sich regelmäßig mit den Bereichsleitern-/leiterinnen zu Einzelgesprächen bezüglich ihrer neu entstandenen Teilprojekte; für diese Teilprojekte nimmt er nur Koordinationsaufgaben zwischen den Bereichen wahr, die inhaltliche Verantwortung bleibt bei den Bereichsleitern/-leiterinnen.

Ein unverzichtbares Werkzeug im Verlauf jedes Delegationsprozesses ist Feedback. Feedback bedeutet Rückmeldung über Wahrnehmungen bezüglich Personen, Handlungen oder Ereignissen. Feedback ist notwendig …

- *als Teil des Dialogs zu Ziel- und Aufgabenvereinbarungen,*
- *als Teil des Korrekturmechanismus für die Steuerung von Zielerreichung und Aufgabenerledigung,*
- *um Demotivation zu verhindern und abzubauen,*
- *um immer wieder Anerkennung, Zufriedenheit, Empathie sowie, wenn notwendig, auch Unzufriedenheit und Kritik auszudrücken.*

Feedback, vor allem solches, das Kritik enthält, wird am besten nach der Sandwichtechnik verabreicht: Statt mit *»Sie haben den Termin nicht eingehalten!«* vorwurfsvoll und plump die Wahrnehmung wiederzugeben und das Gegenüber in die Defensive zu drängen, was unweigerlich Verteidigung herausfordert, wird die bittere Pille zwischen zwei Schichten verpackt, die sie bekömmlicher machen – etwa so: *»Wir haben ja jetzt gemeinsam gesehen, dass der Projektfortschritt im Plan liegt* [positiver Teil der Wahrnehmung, persönlich adressiert], *dass der Termin um zwei*

Wochen überzogen wurde [negativer Teil der Wahrnehmung, ohne persönliche Schuldzuweisung] *und dass Sie es trotzdem geschafft haben, die Kosten noch im Rahmen zu halten* [weiterer positiver Teil der Wahrnehmung, als persönliche Anerkennung ausgedrückt].«

Eine besondere Form ist in die Zukunft gerichtetes Feedback, auch »Feedforward« genannt. Es ist leicht annehmbar und sehr wirksam, weil es klar aufzeigt, was doch noch möglich ist.

Hier zwei Varianten von Feedforward, ausgehend vom vorstehenden Beispiel:

1.) Mit folgendem Zusatz kann das obige Beispiel noch nachträglich zu einem Feedforward umgebaut werden: »... *Jetzt sollten wir darüber nachdenken, welche Möglichkeiten uns einfallen, den Terminverzug über die restliche Projektlaufzeit wieder einzuholen.*«
2.) Eleganter, durchwegs positiv, zudem zielorientiert und daher noch wirksamer ist allerdings folgendes Feedforward: »*Wir haben ja jetzt gemeinsam gesehen, dass der Projektfortschritt im Plan liegt und dass Sie es auch geschafft haben, die Kosten im Rahmen zu halten; jetzt sollten wir noch darüber nachdenken, wie wir die zwei Wochen Terminverzug bis zum Projektende wieder einholen können.*« Hier ist sogar die Sandwichtechnik unnötig geworden.

2
Netzwerke und netzwerken

Netzwerken – ein Führungsthema? Wo es Zusammenhänge mit dem Führen gibt und wie wichtig es ist, zeigt dieser Abschnitt. In diesem Buch geht es um *soziale Netzwerke,* also Netzwerke, deren Knotenpunkte Menschen und ihre Organisationen sind – im Gegensatz etwa zum Telefonnetz, zum Straßennetz einer Stadt, zu einem Spinnennetz oder zum Internet. Nur über die Techniken des Netzwerkens gibt es beim lateralen Führen Zugang zu externen Ressourcen. Umgekehrt ist laterales Führen auch die organisch dazu passende Form erfolgreichen Führens *in* Netzwerken. Es lohnt sich daher, bei elementaren Betrachtungen einzusteigen und angemessene Schlussfolgerungen zu ziehen.

2.1 Interessenausgleich

Grundprinzip des Netzwerkens ist der Interessenausgleich. Interessen können Werte, Ziele, Bedürfnisse, Anliegen, Nutzen und Erwartungen sein. Abb. 9 zeigt die einfachste Variante – zwischen zwei Personen.

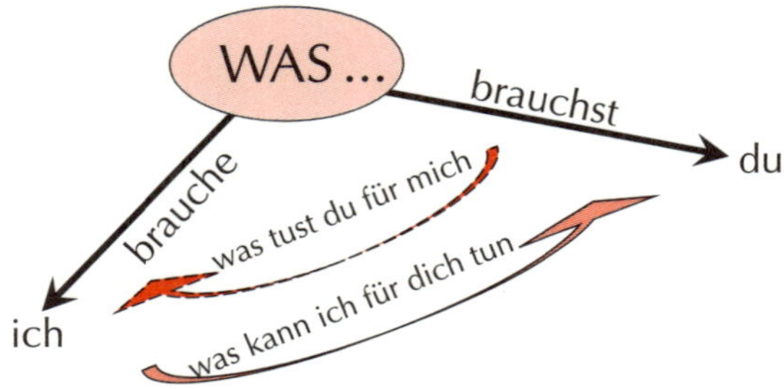

Abb. 9: Interessenausgleich in der Zweierbeziehung

Brauche ich Hilfe, ist es ein völlig logischer erster Schritt, jemanden danach zu fragen: »Was tust du für mich?« Wird dieser Wunsch nicht erfüllt, beginnt der Interessenausgleich: Was braucht mein Gegenüber? Und was kann ich für mein Gegenüber tun, damit es in die Lage versetzt wird, mich zu unterstützen? Im beruflichen Zusammenhang geht es dabei in vielen Fällen um irgendeine Form des zeitlichen Ausgleichs. Allerdings hat heute kaum noch jemand genug Zeit, um ohne weiteres neue Aufgaben zu übernehmen. An mir liegt es jetzt, Fantasie zu beweisen und ein Angebot zu machen, das attraktiv genug ist, das Gegenüber zu bewegen.

Kann mein Gegenüber mein Anliegen nicht *direkt* erfüllen (und andere Personen auch nicht), dann ist eine weitere Dimension zu erschließen; s. Abb. 10. Gibt es eine dritte Person (allgemeiner: eine dritte Instanz, etwa ein Unternehmen), die mein Gegenüber in irgendeiner Form dabei unterstützen kann, mir zu helfen? Und was braucht diese dritte Person, damit ein Angebot von mir Bewegung auslöst?

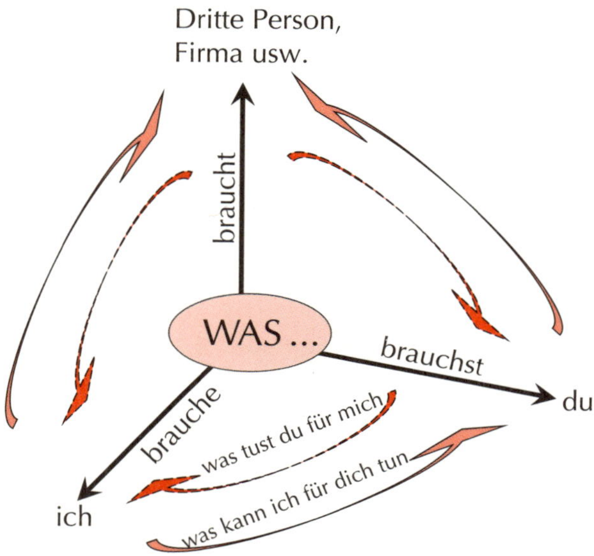

Abb. 10: Interessenausgleich in der Dreierbeziehung.

Über den Interessenausgleich in einer Dreieckbeziehung oder auch Dreieckmasche können Schritt für Schritt Gegengeschäfte auf der Basis wechselseitig befriedigter Interessen erkundet, aufgebaut und abgeschlossen werden. Charakteristisch dafür ist, dass von einer beidseitigen Beziehung zwischen zwei Personen in der Dreieckmasche auch die gegenüberstehende Person einen Nutzen ziehen kann (aber natürlich nicht immer muss). Die beidseitigen Beziehungen sind immer unterschiedlich belastbar, verbessern sich aber durch erfolgreiche Ausgleichshandlungen laufend.

Gut funktioniert das dann, wenn auch unter Miteinbeziehung der dritten Person nach dem Grundsatz vorgegangen wird »Was kann ich für dich tun, damit wir beide mehr haben?« oder allgemeiner: »Ich gebe, damit du gibst!« Diese uralte Grundformel für den Austausch von Leistungen aus dem römischen Recht beschreibt in vollem Umfang alle möglichen Varianten: Ich gebe, damit du gibst; ich gebe, damit du etwas tust; ich tue etwas, damit du gibst;

ich tue etwas, damit du etwas tust. (*Do ut des; do ut facias; facio ut des et facio ut facias.*)

Offen bleibt hier noch, auf welche Art, über welchen Weg eine neue Beziehung zur dritten Person angeknüpft wird. Das ist ebenso Thema der nächsten Abschnitte wie die Frage, welche Strukturen daraus entstehen können und welche Eigenschaften sie haben.

Aus systemischer Sicht ist generell *bei allen Eingriffen und Veränderungen* in Beziehungen, die ja immer Interessen berühren, auf einen wertmäßig angemessenen, aber auch von der Art her *passenden* Ausgleich zu achten. Materielles allein genügt dafür in den wenigsten Fällen, sofern erst einmal die Grundbedürfnisse befriedigt sind. »Passend« bedeutet konkret, dass der Ausgleich auf derselben Ebene stattfinden sollte, um beiderseits Befriedigung hervorzurufen: Zeit gegen Zeit, Emotionen gegen Emotionen, Prestige gegen Prestige, Materielles gegen Materielles. Nicht zueinander passende Ausgleichsleistungen lassen Unzufriedenheit zurück, verlangen immer wieder nach weiterem Ausgleich und machen auf diese Weise süchtig.

Fallbeispiel »Abgeltung von Mehrleistungen«: In Projekten kommt es immer wieder vor, dass von den Projektmitarbeitern/-mitarbeiterinnen zeitliche Mehrleistungen erbracht werden müssen. Durch Prämien oder gesetzlich ohnehin vorgeschriebene Tarifregelungen werden Mehrleistungen (Überstunden, Sondereinsätze) in einem Projekt zwar materiell abgegolten, das durch die längere Abwesenheit von der Familie erzeugte private Beziehungsdefizit wird dadurch aber nicht gedeckt. Also wird eine »freiwillige Sonderprämie« gewährt – an die sich die meisten Menschen sehr rasch als selbstverständlich gewöhnen. Daher wiederholt sich bei der nächsten Mehrleistung derselbe Zyklus mit erhöhter Prämie. Dieser eingebaute Suchtfaktor ist nur vermeidbar, indem auch (oder nur) auf der Beziehungsebene Befriedigung und Ausgleich angeboten wird – etwa ein durch die Firma finanziertes Wellnesswochenende. Das setzt selbstverständlich voraus, dass derartige Mehrleistungen wirklich nur in Ausnahmesituationen verlangt werden; sie dürfen nicht zur Normalität werden.

Aus der Führungsperspektive ist das Angebot, für das Gegenüber »etwas zu tun« und dafür etwas zu erhalten, nur der Startpunkt zur Erfüllung einer höchst aktuellen Forderung an Führungspersonen: an der Sinngebung für ihre Mitarbeiter/innen – über die Entlohnung hinaus – aktiv mitzuwirken. Laterale Führungspersonen haben so gut wie nie Einfluss auf materielle Abgeltungen, sodass ganz selbstverständlich nur mehr die Sinngebung als Kompensationsmittel übrig bleibt. Dass gerade diese einzige allen anderen Ausgleichsebenen übergeordnete und gleichzeitig auch überlegene Möglichkeit hier noch zur Verfügung steht, könnte man als eine Gnade des lateralen Führens ansehen.

Grundelement der Zusammenarbeit von Menschen ist der Interessenausgleich. Im lateralen Führen ist er das grundlegende Instrument, andere Menschen ins Boot zu holen, ohne dafür auf eine Weisungsbefugnis zurückgreifen zu müssen, die es beim lateralen Führen nicht gibt. Wird in den Interessenausgleich über die direkte Zweierbeziehung hinaus eine dritte Person (allgemein: eine dritte Instanz) mit einbezogen, entsteht das Grundelement zum Aufbau von Netzwerken, die Dreieckmasche. Funktionierende Dreieckmaschen entstehen durch beidseitige Beziehungen zwischen jeweils zwei Personen, die auch einer dritten Person im Dreieck gegenüber zugute kommen können (aber natürlich nicht müssen).

2.2 Netzwerkstrukturen

Ausgehend von den Abbildungen 9 und 10 sind bei der Vernetzung mehrerer Personen Kai, Lea und Mai und darüber hinaus zwei grundsätzlich verschiedene Arten von Strukturen zu unterscheiden – je nachdem, wie eine hinzukommende dritte Person strukturell eingebunden wird; s. Abb. 11. Die in beide Richtungen zeigenden Pfeile erinnern daran, dass eine im Netzwerk brauchbare Beziehung immer durch aktive Interessen in beide Richtungen wirken muss – eine bloße Bekanntschaft oder gar nur ein Voneinanderwissen reicht dafür noch lange nicht.

Wie entstehen diese Grundstrukturen?

Die Zweierbeziehung innerhalb eines Glieds einer Kettenstruktur, zum Beispiel zwischen Kai und Lea in Abb. 11 (a), kommt über Initiative zumindest einer der beiden Personen oder zufällig zustande. Das bewusste Ansprechen einer unbekannten Person (etwa aus Langeweile oder aus persönlichem Interesse) oder der zufällige Kontakt aufgrund äußerer Umstände (Gespräch an der Busstation oder im Bahnabteil; Autopanne) gehören hierher. Der Erfolg dabei hängt zunächst vor allem vom Mut und vom Kommunikationsgeschick der aktiven Person, später auch der angesprochenen Person, ab. Beide tragen ein Risiko des Scheiterns, das nur durch das Entgegenbringen von Vertrauen überbrückt werden kann (s. auch Abschnitt 4.5). Der Nutzen der so aufgebauten Beziehung ist bei einander völlig unbekannten Personen ebenfalls völlig zufällig. Die schwierigste Anfangsphase entfällt allerdings bei bereits bestehender einseitiger oder loser beidseitiger Beziehung; hier geht es nur mehr um die gezielte Weiterentwicklung.

(a) Kette

(b) Dreieckmasche

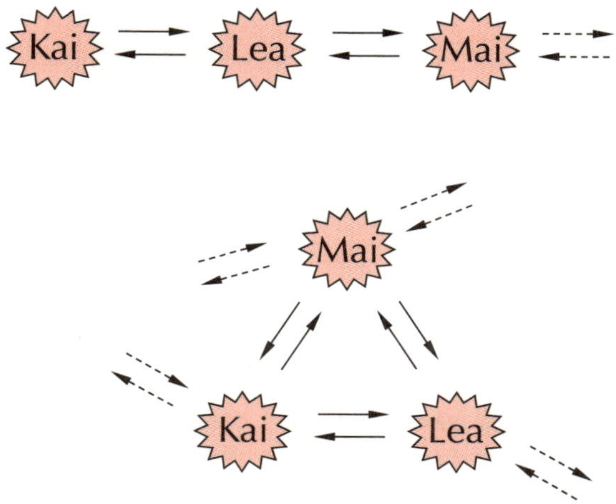

Abb. 11: Netzwerke auf der Basis von (a) Kettenstrukturen und (b) Dreieckmaschenstrukturen.

Dass die Zuverlässigkeit der linearen Kette, Abb. 11 (a), in der bereits zwischen Kai und Mai keine direkte Beziehung mehr besteht, mit zunehmender Länge tendenziell abnimmt, liegt auf der Hand. Dieser Struktur entspricht beispielsweise die Situation, dass Lea selbst die eigene Chefin Mai um Erlaubnis bittet, für Kai arbeiten zu dürfen, und dabei selbst eine Gegenleistung anbietet – eine Intervention, die in der Regel nicht sehr erfolgversprechend sein dürfte. Ist hingegen Lea selbst sehr einflussreich und geht sie mit einer Bitte auf Mai zu, dann könnte es durchaus sein, dass Mai etwas für Kai zu tun bereit ist, wenn sie sich selbst davon einen Vorteil verspricht, Lea einen Gefallen zu erweisen.

Für die Entwicklung neuer Dreierbeziehungen, Abb. 11 (b), gibt es zwei mögliche Vorgangsweisen. Eine bereits bestehende beidseitige Zweierbeziehung zwischen Lea und Mai wird dabei vorausgesetzt.

Die direkte Variante: Kai kann Mai direkt ansprechen, ohne Lea einzuschalten; von der Beziehung zwischen Lea und Mai wird also gar nicht Gebrauch gemacht. Bei einer losen Bekanntschaft zwischen Kai und Mai oder für den Fall, dass die beiden ohnehin in eine gemeinsame Organisation eingebunden sind, mag das ein gangbarer Weg sein. Ansonsten entspricht diese Vorgangsweise genau dem vorhin beschriebenen Anknüpfen einer Zweierbeziehung – einschließlich aller Unwägbarkeiten.

Die weit wirkungsvollere indirekte Variante ist, dass Kai die gewünschte Beziehung zwischen sich und Mai über Lea herstellen lässt. Die Anfangsphase des direkten Beziehungsaufbaus zwischen Unbekannten wird hier durch Kontakte zwischen Menschen überbrückt, die bereits Beziehungen zueinander haben. Lea empfiehlt Kai an Mai, räumt damit *Mais Unsicherheit des eigenen Urteils* aus (vgl. Abschnitt 4.1) und vermittelt dadurch Vertrauen an Mai bezüglich Kai. Dadurch vermindert sich das Risiko von Kai, eine Abfuhr durch Mai zu bekommen. Beide, Kai und Mai, erhalten darüber hinaus durch Lea bereits Information über die jeweils andere Person – die Beziehung wird also schon mit mehr oder weniger begründeten Erwartungen gezielt angeknüpft und die Qualität der entstehenden Dreieckmasche ist keineswegs mehr zufällig.

Das ist eine effiziente Methode, das eigene Netzwerk um eine weitere Masche zu vergrößern. Sie ist die Grundlage aller Netzwerke, die sich unter anderem mit Personalrekrutierung, mit Immobilienvermittlung oder ganz allgemein mit Empfehlungsmarketing beschäftigen. Lea kann dabei eine bereits vorhandene, zufriedene Kundin von Kai sein, die Kai an eine potenzielle Neukundin Mai empfiehlt. Lea kann aber auch eine Geschäftspartnerin sein, die nicht Mitbewerberin von Kai, aber von dessen Seriosität überzeugt ist und Kai ihrer eigenen Kundin Mai empfiehlt. Wenn Kai attraktive Leistungen oder Produkte anbietet, dann erweist Lea alleine schon mit dieser Empfehlung Mai einen wertvollen Dienst. Andernfalls sollte Lea wohl Kai auch nicht weiterempfehlen.

In allen Netzwerken dieser Art, in denen es also im weitesten Sinn um Empfehlungen geht, lohnt sich eine sehr sorgfältige Erforschung der Bedürfnisse und der möglichen Nutzenkomponenten aller Beteiligten, bevor eine Empfehlung tatsächlich abgegeben wird. Die Passungsqualität der neu hergestellten Dreieckmasche, ihre Nachhaltigkeit und die Erfolgschancen können dadurch ganz wesentlich gesteigert werden.

In einer Struktur auf Grundlage von Dreieckmaschen sind immer direkte Beziehungen zwischen einer Person und je zwei weiteren Beteiligten vorhanden. So besteht immer direkter Überblick über alle Netzwerkelemente, wenn schon nicht Einfluss. Genau das bestimmt die Belastbarkeit und Qualität eines Netzwerks.

Es kann in Einzelfällen schwierig sein, zu bestimmten Personen Beziehungen zu knüpfen – und zwar immer dann, wenn zum Beispiel durch hierarchische Rangunterschiede ein direkter Ausgleich durch direkte Leistungen nicht ohne weiteres möglich ist. Durch geschicktes, situationsgerechtes Agieren sind aber doch immer wieder nützliche Interventionen möglich.

Fallbeispiel »Ausgleich über Hierarchiegrenzen«: Welche Leistung kann schon der Portier (in der Terminologie von Abb. 11: Kai) eines großen Unternehmens der Vorstandsvorsitzenden (Mai) erbringen? Direkt ist das wohl kaum möglich. Allerdings – wenn der Herr in der Rezeption über sein eigenes Netzwerk erfährt, dass die Babysitterin der obersten Chefin gerade erkrankt ist und diese am Freitag um 18 Uhr verzweifelt Ersatz (Lea) wegen eines Termins um 20 Uhr sucht, dann kann er Vorkehrungen treffen, die der sonst unerreichbaren Chefin aus der Bedrängnis helfen – und er darf wohl auch eines Tages Gegenleistungen erwarten.

Das obige Fallbeispiel zeigt, was situationsgerechtes Agieren bedeuten kann: Kai erfährt erstens über die Kanäle seines persönlichen Netzwerks von der Notsituation, in der sich Mai befindet; Kai kennt zweitens jemanden in seinem persönlichen Netzwerk (Lea), der als Ersatz für eine ausgefallene Beziehung von Mai infrage kommt; und Kai stellt drittens die Beziehung zwischen Lea und Mai her. Unter den beschriebenen Umständen, weil Kai möglicherweise gar keinen direkten Zugang zu Mai hat, kann auch das wieder unter Einschaltung des Netzwerks von Kai geschehen, etwa über eine Assistenzkraft von Mai.

Für laterales Führen brauchbare Netzwerke sind vor allem solche, bei denen der Netzwerknutzer selbst ein Eckpunkt in jeder einzelnen Dreieckmasche ist. Das ist ein wichtiger Unterschied gegenüber der landläufigen Vorstellung von einem Netzwerk als einer weit ausgedehnten Gitterstruktur, in der die Mehrzahl der Beziehungen nur über dazwischen liegende Gitterpunkte möglich wäre. Weiter entfernte Dreieckmaschen sowie Glieder einer Kette aus Zweierbeziehungen sind für spätere Erweiterungen nützlich, aber zunächst nur sehr beschränkt nutzbar; sie werden es erst, wenn der Netzwerknutzer zu einem ihrer Eckpunkte geworden ist.

2.3 Fokus – Führen – Erweitern

Fokus

Um über das Führen in und Erweitern von Netzwerken nachzudenken, ist zunächst eine Begriffsklärung erforderlich, denn der Begriff des sozialen Netzwerks hat im Sprachgebrauch zwei unterschiedliche Bedeutungen, die sich zwar nicht durch die Strukturen ihrer Aufbauelemente (Abb. 11), aber durch ihr Zustandekommen, ihre Mitglieder und deren Zielvorstellungen sowie ihre Anwendungsbereiche unterscheiden.

Die erste Bedeutung ist jene für das Netzwerk um eine bestimmte Person herum: Das ist das *persönliche Netzwerk* dieser Person, das sich durch ihre persönlichen Interessen, Verpflichtungen (inklusive jener verwandtschaftlicher Natur) und Kontakte entwickelt. Diese Person *ist* der Fokus ihres *persönlichen* oder *personenfokussierten* Netzwerks; es gibt keinen anderen Fokus als diesen. Hier ist es nicht einmal erforderlich, dass alle Netzwerkmitglieder einander auch nur kennen; sie stammen zum Teil aus völlig unterschiedlichen Kontexten und sind oft nur durch die Person im Fokus miteinander verbunden. Die entstehende Struktur ist also überwiegend die eines Sterns aus Zweierbeziehungen, dessen Zacken verglichen mit ihrer Gesamtzahl nur gelegentlich untereinander ebenfalls verbunden sind.

Ein zweite Bedeutung des Worts Netzwerk bezeichnet solche, die sich auf einen ganz bestimmten Kontext, ein ganz bestimmtes Thema fokussieren, etwa ein gemeinsames Interesse, ein Projekt oder auch eine lose Kooperation zwischen verschiedenen Gruppen und Personen sowie alle denkbaren Mischformen davon. Diese *themenfokussierten Netzwerke* weisen die Besonderheit auf, dass sie als Querschnitte durch andere themenfokussierte und persönliche Netzwerke gesehen werden können, die sich genau durch den spezifischen Fokus voneinander unterscheiden; beliebige Mischformen sind möglich.

Fallbeispiel »themenfokussierte Netzwerke«:
Das sind Netzwerke beispielsweise fokussiert auf …

- gemeinsame Interessen: ein Empfehlungsnetzwerk von Unternehme(r)n, mit denen diese ihre Geschäfte weiterentwickeln; eine Internetplattform von HR-Managern/Managerinnen, die dort Bewerber aneinander weiterreichen; ein Netzwerk von Trainern/Trainerinnen, die selbst für ihre eigene berufliche Weiterbildung sorgen;
- ein Projekt: Entwicklung einer Softwareanwendung; Konzepterstellung, Organisation und Abwicklung einer gemeinsamen Ausstellung durch eine Gruppe von Künstlern; Aufbau eines Mentor/innen-Netzwerks, um den Frauenanteil bei Führungskräften zu steigern;

- eine lose Kooperation zwischen verschiedenen Gruppen und Personen: ein Netzwerk außeruniversitärer Forschungsinstitute, die für ein paralleles KMU-Netzwerk arbeiten, das auf diese Art F&E-Projekte realisiert, die einzeln weder für die Institute noch für die KMUs leistbar wären;
- eine Expertengruppe, die sich mangels offiziell anerkannter Interessenvertretung trotz ihres geschäftlichen Konkurrenzverhältnisses gemeinsam mehr Gehör verschafft;
- der laufende Betrieb des oben erwähnen Mentor/innen-Netzwerkes.

Die kleinste Ausformung eines themenfokussierten Netzwerks ist ein Team von Menschen, die gemeinsam an einem Thema arbeiten. Sobald das Team in der Leistungsphase (»performing« – Abschnitt 4.2, Seite 113) angelangt ist, bestehen zwischen den einzelnen Teammitgliedern genau jene beidseitigen Beziehungen, die eine Gruppe von Menschen oder Organisationen überhaupt erst zu einem Team oder Netzwerk machen. Auf dem Weg durch die vorangehenden Entwicklungsphasen werden genau diese notwendigen Beziehungen hergestellt.

Das ist auch der Berührungspunkt zwischen den beiden Phänomenen Team und (themenfokussiertem) Netzwerk: Hinsichtlich der gemeinsamen Zusammenarbeit bezeichnen beide Begriffe dasselbe; der strukturelle Unterschied liegt darin, dass themenfokussierte Netzwerke auch Vertreter größerer Einheiten beinhalten, während Teammitglieder grundsätzlich autonome Einzelpersonen sind. Die persönlichen Netzwerke im Hintergrund dieser Einzelpersonen stellen aber auch hier eine gewisse Parallelität dar. Wie auch immer diese beiden Formen menschlicher Zusammenarbeit und Gemeinsamkeit interpretiert werden – hinsichtlich der anzuwendenden Führungs- und Gestaltungsmethode des lateralen Führens sind sie völlig gleichartig. Das ist auch der Hintergrund für die Wahl des Titels dieses Buchs.

In themenfokussierten Netzwerken *ist das Thema* (das Ziel, die Aufgabe, das Interesse oder Ähnliches) *der Fokus*. Sobald es in einem solchen Netzwerk dazu kommt, dass sich etwa die führende Person in den Fokus begibt oder sich durch ihr Verhalten selbst anmaßt, der Fokus zu sein, geht das Thema unter, und das Netzwerk wird zu einem entarteten persönlichen Netzwerk – mit allen negativen Folgen, die das für die Bearbeitung und Erledigung des ursprünglich vorhandenen Themas hat. Genau das passiert in allen Fällen von Personenkult, unabhängig davon, ob er auf dem Weg übertriebener Verehrung eines Gurus durch die Mitglieder oder durch Anmaßung der führenden Person selbst zustande kommt.

Wichtig ist schließlich in themenfokussierten Netzwerken die für jedes einzelne Netzwerk- oder Teammitglied individuell geltende Unterscheidung nach *Rang* (rangdynamische Einordnung) und *Rolle* (Funktion in Bezug auf unterschiedliche Aufgaben) für jedes Netzwerk oder Team. Auf die Möglichkeit einer Person, in unterschiedlichen Teams unterschiedliche Ränge einzunehmen, wurde bereits in Abschnitt 1.2, Abb. 4, hingewiesen. Für die α-Position ist das sogar eine notwendige Verhaltensweise. Der Rang kann in einem bestimmten Netzwerk oder Team zeitlich immer wieder wechseln, zu einem gegebenen Zeitpunkt kann aber nur ein bestimmter Rang eingenommen werden. Hingegen können mehrere Rollen eingenommen werden, und es kommt vor, dass einzelne dieser Rollen aus Zeitgründen oder aufgrund eingeschränkter Kompetenz nur teilweise ausgefüllt oder wahrgenommen werden.

Führen

Das Führen *von* oder *in* Netzwerken ist genau nach diesen beiden Netzwerktypen zu unterscheiden. Das persönliche Netzwerk einer Person wird von ebendieser Person geführt. Wäre es anders, dann würde das auf eine stark unsymmetrische Beziehung zu einem der Netzwerkmitglieder hindeuten, die Fremdbestimmung durch dieses andere Netzwerkmitglied vermuten ließe. Das ist nicht auszuschließen, ist aber nicht der Regelfall und würde Maßnahmen im Rahmen der persönlichen Weiterentwicklung nahelegen.

In kleinen themenfokussierten Netzwerken innerhalb einer einzigen Organisation, insbesondere in Teams, kann eine formelle Führung eingerichtet werden, indem zum Beispiel Linienführungskräfte eine Teamführungskraft institutionell einsetzen. Das ist in Projektteams, die in einem einzigen Unternehmen agieren, die Regel. Allerdings kommt es hier in der Praxis zu der bereits erwähnten Einschränkung, dass Projektteamleiter/innen in nahezu allen Fällen zumindest keine personelle Dispositionsgewalt übertragen bekommen. Auch die Gehaltsbemessung ist üblicherweise ausgeklammert. Ihre Weisungsbefugnis ist somit klar reduziert. Diese mehr oder weniger eingeschränkte Art der Führung ist nicht jene, die formelle (Linien-)Führungskräfte ausüben. Bereits unter diesen Voraussetzungen sind daher nur Teamleiter/innen wirklich erfolgreich, die das Instrumentarium des lateralen Führens beherrschen. Im Übrigen werden Teams meistens von einer einzigen Person geführt, die allerdings gut daran tut, gelegentlich und/oder in Teilbereichen die Führung auch an andere Teammitglieder abzugeben (Abschnitt 3.1).

In organisationsübergreifenden themenfokussierten Netzwerken gibt es grundsätzlich keine voll wirksame Weisungsbefugnis mehr. Dazu genügt bereits die Einbeziehung einer einzigen außenstehenden Person etwa als Berater/in. Selbst vertragliche Absicherungen oder Verpflichtungen stellen hier nie jenen Zustand her, der etwa innerhalb eines Unternehmens zwischen Linienführungskräften und Mitarbeiter/innen herrscht. Und bei mehreren Netzwerkmitgliedern unterschiedlicher Herkunft (etwa Vertreter einiger nicht verschwesterter Unternehmen, dazu noch solche einer NGO und einer nationalen Behörde) wird eine vertragliche Absicherung bald unpraktisch, jedenfalls, was die tägliche operative Arbeit betrifft.

Die laterale Führung dieses Netzwerks ist die einzige Möglichkeit, produktive Arbeit zu ermöglichen.

Je größer, je heterogener und je komplexer hinsichtlich seiner Zielsetzungen ein organisationsübergreifendes Netzwerk wird, desto schwieriger wird es, tatsächlich *das* Netzwerk in allen Details zu führen. Realistischer ist es davon auszugehen, dass Führung hier *im* Netzwerk stattfindet. Die Führung des gesamten Netzwerks beschränkt sich möglicherweise nur mehr auf einige wenige wichtige Anlässe (Strategiekonzept verabschieden, Vollversammlung, Meeting des Steuerungskomitees, allgemeine Berichterstattung oder Ähnliches) und einige wenige gemeinsam organisierte Bereiche (Strategie, Leitbild, Administration, Öffentlichkeitsarbeit), die praktische Arbeit findet jedoch mehr und mehr in Teil-Netzwerken, Arbeitsgruppen oder ähnlichen Einheiten statt, und selbst dort wechselt die Führung je nach aktuellem Thema zwischen verschiedenen Personen. Laterales Führen ist auch hier die einzige Möglichkeit zu führen, und der Aspekt wechselnder Führung (Abschnitt 3.1) bekommt dabei überragende Bedeutung: Rangeleien oder Rivalitäten zwischen mehreren Personen, die – womöglich mit wenig fachlicher Kompetenz – Führungsansprüche durchsetzen wollen, können die Arbeitsfähigkeit bis zur völligen Lähmung reduzieren. In der α-Position kann man dem vorbeugen, indem man die Führung in eingeschränkten Teilbereichen permanent oder gelegentlich bewusst selbstständig abgibt und sich so mit wachsender Netzwerkgröße von der inhaltlichen Detailarbeit mehr und mehr auf das Ziehen wichtiger Fäden und auf strategisch bedeutsame Positionen zurückzieht.

Das Prinzip der wechselnden Führung ist Voraussetzung für alle Formen der Selbstorganisation: Nur Führungskräfte, die bereit sind, ihre Führungsposition auch selbstständig wieder abzugeben, machen selbsttätige Veränderungen in Organisationen möglich. Wechselnde Führung in Netzwerken ist eine notwendige

Voraussetzung für diesen nächsten Schritt in die Zukunft menschlicher Gemeinsamkeit in der Arbeitswelt.

Erweitern

Die beiden Netzwerkformen unterscheiden sich auch hinsichtlich der Art, wie sie erweitert werden können, wie sie wachsen. Bei personenfokussierten Netzwerken geschehen Erweiterungen durch

(a) Aufnahme neuer Personen und Herstellen enger beidseitiger Beziehungen mit diesen oder

(b) Herstellen neuer Querverbindungen zwischen davor noch nicht direkt miteinander verbundenen Personen nach dem Prozess aus Abb. 10 für neue Dreieckmaschen.

Die bloße Bekanntschaft oder das Voneinanderwissen zweier Personen hat kaum brauchbare Netzwerkqualität; es kann wirksame Netzwerkbeziehungen vorbereiten, mehr aber nicht. Da in einem personenfokussierten Netzwerk die Personen über einzelne Maschen und über beidseitige Zweierbeziehungen hinaus einander nicht einmal kennen müssen, wird die Erweiterung des Netzwerks weitgehend alleine von der Person im Fokus getragen. Sie stellt die Kontakte her, entwickelt die Beziehungen vom bloßen Einanderkennen zu einer beidseitigen Qualität und knüpft daraus Dreieckmaschen. Umgekehrt erfährt die Person im Fokus nicht unbedingt davon, wenn die Mitglieder des Netzwerks untereinander weitere Beziehungen knüpfen.

Themenfokussierte Netzwerke, die in ihren Aktivitäten über bloße Mitgliedergruppierungen (etwa Autofahrerclubs oder Fischereivereine, die Einzelinteressen bündeln, aber außer Mitgliedsbeiträgen und vielleicht noch etwas Solidarität keine individuellen Leistungen von den Mitgliedern einfordern) hinausgehen, weisen im Gegensatz dazu eine völlig andere Wachstumsdynamik auf. Das beginnt bereits bei Sport- und Gesangvereinen und wird bei professionell, vor allem aber bei erwerbsmäßig agierenden Netzwerken unabhängig von der Größe rasch offenkundig.

(a) Hier wird nicht jedes Mitglied akzeptiert, das dazugehören möchte oder von jemandem mitgebracht wird, sondern es gibt (zum Beispiel bei Projektteams) zuerst einmal harte Kosten-Nutzen-Überlegungen und zusätzlich detailliert ausgefeilte Auswahlprozesse, ganz ähnlich jenen in Rekrutierungsverfahren hierarchisch strukturierter Organisationen.

(b) Der Beziehungsaufbau und die Aufgabenverteilung bleiben nicht dem Zufall oder der persönlichen Initiative einzelner Netzwerkmitglieder, auch nicht der Führungsperson, überlassen. Vielmehr werden neue Mitglieder schon ab Teamgröße und umso mehr noch in komplexen, ausgedehnten Netzwerken in eigens veranlassten und professionell gesteuerten Teamentwicklungsprozessen integriert, um rasch Arbeitsfähigkeit herzustellen. Die ablaufenden Prozesse und zu beachtenden Grundsätze sind in Abschnitt 4.2 beschrieben. Sie gelten in entsprechend angepasster Form für Teams und Netzwerke aller Größenordnungen.

Ein themenbezogenes Netzwerk besonderer Art ist die Familie. Der Fokus *ist* die Familie an sich. Sie entsteht durch eine besonders enge, personenbezogene Partnerschaft zweier Menschen. Innerhalb einer ausgewogenen Partnerschaft wechseln die eingenommenen Ränge aus freien Stücken immer wieder, sodass insgesamt eine annähernde Gleichverteilung entsteht. In vielen Familien wird das, wenn auch mit unterschiedlichem Erfolg, bereits versucht. Die Menschen, die diese Partnerschaft eingehen, haben, sobald Kinder dazukommen, immer mehrere Rollen in der Familie – zumindest jene als Partner/innen zueinander und jene von Vater oder Mutter bezüglich der Kinder. Weitere Mitglieder werden durch Geburt oder Adoption aufgenommen. Jede derartige Kernfamilie ist selbst wiederum Teil einer um eine Generation älteren Familie, für die in etwas gelockerter Form die gleichen Regeln gelten. Die nachhaltigste Eigenschaft ist, dass man aus diesem Netzwerk nach systemischen Grundsätzen niemals mehr aussteigen kann – im Gegensatz zu allen anderen Netzwerken. Kinder bleiben mit ihren leiblichen Verwandten und ebenso mit wichtigen Bezugspersonen immer verbunden, und zumindest über die Kinder bleiben es auch die Partner/innen. Daran ändern auch eine rechtliche Trennung und das Errichten einer neuen Partnerschaft nichts.

Bei komplex zusammengesetzten Netzwerken gelten die rangdynamischen Grundsätze (Seite 20 ff.) ebenso wie die in diesem Abschnitt beschriebenen Regeln und Abläufe nicht nur für das Netzwerk selbst, sondern jeweils für sich auch innerhalb aller Komponentenstrukturen, die das Netzwerk bilden; s. Abbildungen 4 und 12.

Es ist zweckmäßig, soziale Netzwerke nach zwei Typen zu unterscheiden: Personenfokussierte oder persönliche Netzwerke einer Person, die von dieser geführt und nach eigenem Gutdünken von ihr erweitert werden; und themenfokussierte Netzwerke, die in ihrer kleinsten Ausbildung, dem Team, von einer Person, mit zunehmender Größe und Komplexität aber auch von mehreren Personen, mit wechselnden Verantwortlichkeiten geführt und nach vereinbarten Kriterien erweitert werden können. In den so gebildeten Komponentenstrukturen gelten jeweils für sich wieder die rangdynamischen Grundsätze und die Regeln für Fokus, Führen und Wachsen. Jede Person kann mehreren Netzwerken angehören.

2.4 Mehrfachzugehörigkeiten

Jede der an einem Netzwerk beteiligten Strukturen und Einzelpersonen und die so gebildete Netzwerkstruktur selbst können als eine Ebene betrachtet werden, in der die zugehörigen Vorgänge wie in den Stockwerken eines Hauses für sich – also getrennt von den anderen Ebenen – ablaufen. Durch die Mehrfachzugehörigkeiten, in Abb. 12 durch Überlappungen symbolisiert, ist allerdings mit mehr oder weniger starken gegenseitigen Beeinflussungen zu rechnen.

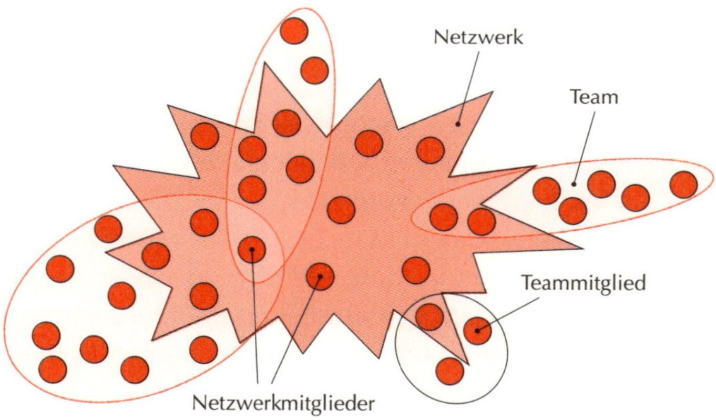

Abb. 12: Ein aus Mitgliedern von vier Teams und sechs Einzelpersonen zusammengesetztes Netzwerk. Vollständig wird dieses Bild erst, wenn auch die von jeder Einzelperson mitgebrachten persönlichen Netzwerke samt ihren Querverbindungen dazugedacht werden.

Beeinflussungen zwischen den Vorgängen in den einzelnen Ebenen rühren einmal daher, dass die Personen, die in mehreren Ebenen anwesend sein sollen, schon aus zeitlichen Gründen nicht jederzeit überall präsent sein können. Das Bild, dass jede Person auf einer eigenen Treppe zwischen den Stockwerken auf-

oder absteigen muss, um in die Ebene zu kommen, in der ihre Präsenz gerade notwendig ist, passt hier ganz gut. Körperliche Präsenz an verschiedenen Orten ist mit Reisezeiten und Kosten verbunden, die starke Motive für eine Verlagerung der Kontakte auf die modernen Kommunikationsmedien darstellen. Aber selbst diese bringen bei global arbeitenden Netzwerken die geografisch bedingten Zeitverschiebungen nicht zum Verschwinden, was erfahrungsgemäß erheblichen Stress für die Betroffenen bedeutet. Und es wird wohl auch noch einige Zeit dauern, bis wir Kontakte über immer leistungsfähigere elektronische Kommunikationsmedien tatsächlich als gleichwertig mit dem persönlichen Gegenüberstehen zweier Menschen aus Fleisch und Blut empfinden.

Zu beachten ist auch, dass sich Ränge aus einer Ebene nicht auf andere Ebenen übertragen. Jemand, der in einer Universität zum Beispiel ein Institut verantwortlich leitet, kann in der Ebene eines internationalen Netzwerks zum Beispiel auch eine reine Sachbearbeiterfunktion ausüben. Manchmal wird vermutet, dass sich über eine Art »Meritokratie« besondere Verdienste in einer Ebene gleichsam von alleine auch in führenden Rängen anderswo niederschlagen. Das ist eine sehr statische Sichtweise. Es mag sein, dass solche Personen vielleicht einen gewissen Vorzug genießen, auch anderswo einen Führungsrang einzunehmen, wenn sie das anstreben. Sie haben es dabei vielleicht etwas einfacher, weil ihre Glaubwürdigkeit weniger rasch angezweifelt wird. Wenn sie aber nicht ehestens ihren Führungsanspruch klar offenlegen und durch entsprechende Führungshandlungen auch sofort aktiv ausüben, sind sie diesen Rang sehr schnell wieder los. Die Funktionen von »Ehrenpräsidenten/-präsidentinnen« und ähnlichen lateralen Arabesken unterstreichen nur diese Tatsache: Diese Bezeichnungen sind in den meisten Fällen tatsächlich reine Ehrentitel, die der Organisation durch das von ihnen verliehene Prestige oder durch Kontakte nach außen durchaus nützen; die Führung wird aber von anderen Personen ausgeübt.

Das sind allerdings nur die offenkundigen Beeinflussungen, mit denen bei Mehrfachzugehörigkeiten zu rechnen ist; sie werden üblicherweise von allen Beteiligten akzeptiert und sind bei einigem Verständnis füreinander operativ relativ leicht zu berücksichtigen.

Deutlich komplexer, schwerer zu durchschauen und schwieriger in der Handhabung sind jene Beeinflussungen, die sich aus unterschiedlichen Zugehörigkeiten hinsichtlich Organisationsstruktur (Netzwerk, Team, Abteilung, Familie usw.) sowie aus den innerhalb dieser Strukturen eingenommenen Rängen und Rollen ergeben.

Ein realistisches Beispiel ist in Abb. 13 gezeigt: Die betreffende Person hat eine Familie, in der sie wechselnde Ränge und zwei Rollen einnimmt (zum Beispiel Vater und Partner). Sie ist anerkannte Führungsperson in einer Abteilung, beansprucht dort offenbar permanent den α-Rang und hat dort zwei Rollen (zum Beispiel Führungs- und Fachkraft). Sie ist weiters Mitglied in Team 1, agiert dort ausschließlich im γ-Rang und füllt eine eher unscharf definierte Rolle für sich voll aus. Als Mitglied von Team 2 füllt sie zu verschiedenen Zeiten und Anlässen mehr als einen Rang aus (zum Beispiel über eine Ω-Rochade als Berater β und als Skeptiker Ω), nimmt aber ihre Rolle nicht ganz wahr. Sowohl die Abteilung als auch die beiden Teams sind Teile desselben Unternehmens. Als Mitglied eines Netzwerks schließlich ist die Person in mehr als einem Rang wirksam (zum Beispiel α und γ) und ist wieder in einer breiter angelegten Rolle tätig.

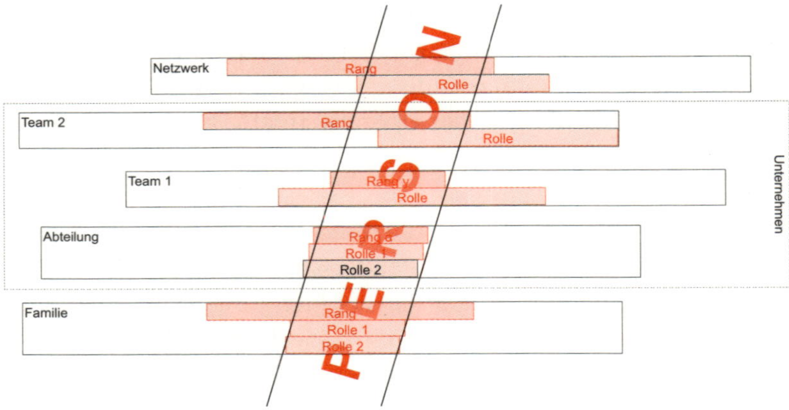

Abb. 13: Beispiel für Mehrfachzugehörigkeiten einer Person.

Aus diesen Mehrfachzugehörigkeiten können beliebig viele Komplikationen entstehen, sobald mit den einzelnen Rollen und Rängen in den verschiedenen Strukturen gegensätzliche Interessen verbunden sind. Nachdem das Netzwerk unternehmensextern angeordnet ist, kommen hier sogar unternehmensfremde Interessen zur Wirkung. Zwei typische Fallbeispiele, die jeweils zur Konstellation nach Abb. 13 passen, illustrieren mögliche Rollenkonflikte in der Praxis.

Fallbeispiel »Führungskraft als Coach«: Herr Neuer ist Abteilungsleiter und Führungskraft mit Leib und Seele. Seine Mitarbeiter/innen liegen ihm am Herzen, und um ihnen noch kompetentere Unterstützung bieten zu können, hat er eine Coachingausbildung – »Die Führungskraft als Coach« – gemacht. Jetzt hat er neben seiner Rolle 1, Führungskraft, also auch noch eine Rolle 2, Coach seiner Mitarbeiter/innen. Daraus entsteht ein Interessenkonflikt: Als Abteilungsleiter ist er dem Unternehmen verpflichtet, er hat bindend vereinbarte Zielvorgaben und Weisungsbefugnis gegenüber seinen Mitarbeitern/Mitarbeiterinnen. Als Coach hat er hingegen Aufträge seiner Coachees zu erfüllen und ist zudem zur Verschwiegenheit verpflichtet. Konflikte zwischen seinen Zielvorgaben als Abteilungsleiter (»Gehaltssteigerungen im kommenden Jahr unter einem Prozent«) und den Anliegen und Aufträgen seiner Coachees (»mindestens sechs Prozent Gehaltserhöhung aushandeln«) sind somit vorprogrammiert – wozu noch kommt, dass er von seinen mitunter sehr persönlichen Gesprächen mit den Coachees als Führungskraft derselben Personen eigentlich gar nichts wissen dürfte.

Schlussfolgerung: Die beiden Rollen sind unvereinbar; Herr Neuer verzichtet auf seine Rolle als Coach und nützt die neu erlernten Methoden, insbesondere Frage- und Gesprächstechniken, zum Beispiel bei Mitarbeitergesprächen in seiner Rolle als Führungskraft.

Fallbeispiel »Mitarbeit in einem Normungsgremium«: Herr Marker hat sich als Know-how-Träger seines Unternehmens freiwillig zur Mitarbeit in einem Normungsgremium gemeldet. Er führt das Netzwerk aus Vertretern/Vertreterinnen etlicher Unternehmen, technischen Prüfinstituten und einer Technischen Universität lateral im Tandem mit einer TU-Dozentin. Um seine Glaubwürdigkeit gegenüber den Netzwerkmitgliedern zu dokumentieren, mussten er und seine Führungspartnerin zu Beginn dieser Tätigkeit eine Ehrenerklärung abgeben, wonach geschäftsrelevante Informationen einzelner Netzwerkpartner, die über abgestimmte schriftliche Dokumente hinausgehen, nicht an Unternehmen und potenzielle Kunden weitergegeben werden dürfen, also auch nicht an das eigene Unternehmen. Nach einigen Sitzungen zeigt sich, dass die Mehrheit der teilnehmenden Unternehmen die entstehende Norm technologisch in eine Richtung drängt, die für sein eigenes Unternehmen klar marktschädlich sein wird. Seine Minderheitsposition macht es unmöglich, die Interessen seines Unternehmens durchzusetzen. Das bringt Herrn Marker in einen Interessenkonflikt: Geschäftsrelevante

Informationen dem eigenen Arbeitgeber vorzuenthalten bringt ihn im eigenen Unternehmen in Gefahr; hält er sich aber nicht an die Ehrenerklärung, dann ist er bei den Mitbewerbern rasch unten durch und muss womöglich das Netzwerk verlassen; das könnte wieder im eigenen Unternehmen unangenehm für ihn werden.

Schlussfolgerung: Die beiden Rollen sind unvereinbar; Herr Marker übergibt seine Führungsfunktion im Netzwerk an einen Vertreter aus einem der Prüfinstitute und arbeitet nur mehr inhaltlich in diesem Gremium weiter; seine Bindung hinsichtlich Informationsweitergabe wird gelöst.

Die beiden Fallbeispiele betreffen Interessenkonflikte, die ursächlich von außerhalb der betroffenen Person stammen und die zu ihrer Auflösung im Grunde nur den Verzicht auf die Befriedigung des persönlichen Ehrgeizes dieser Person erfordern. Konflikte, die die Person selbst und gleichzeitig ihre Familienrolle, betreffen, sind ungleich schwieriger zu lösen. In allen diesen Fällen geht es nämlich darum, in irgendeiner Form gegen elementare eigene Werte und jene der Familienmitglieder zu handeln (Kinder, Karriere- samt Einkommensperspektiven, Aufgabenteilung in der Familie usw.). Vor allem Kombinationen derartiger innerer (intrapersoneller) und familiärer (interpersoneller) Interessen führen sehr rasch zu unlösbar scheinenden Konflikten und so zum Burnout der beteiligten Person, wenn nicht von allem Anfang an konsequent vorbeugend gegengesteuert wird.

Vorgefertigte, allgemein anwendbare Lösungen kann es hier nicht geben. Allerdings gibt es vorbeugende Vorgangsweisen, die bei konsequenter Anwendung mögliche Konfliktherde frühzeitig erkennen lassen und damit die Chance eröffnen, bereits zu einem Zeitpunkt einzugreifen, der noch zukunftsorientierte, kreative Eingriffe erlaubt.

Der Schlüssel zur Konfliktvorbeugung bei potenziellen Interessenkonflikten aus unterschiedlichen Rollen ist ein mehrstufiger Reflexionsprozess nach folgendem Prinzip:

- *Laufend wiederkehrende Reflexion der angenommenen eigenen Rollen und der ihnen zugrunde liegenden Werte und Erwartungen.*
- *Aus jeder einzelnen Rollenperspektive die übrigen Rollen betrachten:*
  - *Welche Konflikte sind aus dieser Sicht möglich?*
  - *Was könnte bewirken, dass diese Konflikte gar nicht erst entstehen?*
  - *Aus welcher Perspektive verschwindet dieser Konflikt, und was kann ich ändern, damit diese Perspektive für mich gilt?*
  - *Was davon habe ich am ehesten in meiner Hand, und welche Maßnahmen davon kann ich sofort umsetzen?*
  - *Wo brauche ich die Unterstützung anderer, und von wem kann ich sie am ehesten bekommen?*
- *Sobald trotz dieser ersten Stufe der Vorbeugung Interessenkonflikte wirksam werden, Einschaltung externer Hilfe; das können in einer zweiten Stufe wohlwollend-kritische Familienmitglieder, Arbeitskollegen/-kolleginnen oder Freunde/Freundinnen sein, in einer dritten Stufe ein(e) Mentor/in oder Coach; diese werden ähnliche Fagen stellen wie die oben für die erste Stufe aufgelisteten, und durch ihre Außenperspektive besteht die Chance, neue Aspekte kennenzulernen.*
- *Sämtliche resultierenden Maßnahmen, die die Organisation betreffen würden, mit den zuständigen Führungskräften auf Umsetzbarkeit prüfen.*
- *Wenn trotz aller Bemühungen der Burnout nähergerückt sein sollte, helfen dennoch nur die angegebenen Fragen weiter – selbst ein eingetretener Burnout ist nur dann nachhaltig therapierbar, wenn gleichzeitig die inneren (Werte, Einstellungen, Glaubenssätze) und äußeren (Aufbau-/Ablauforganisation, Beziehungen) Umstände, die ihn hervorgerufen haben, besser in Einklang gebracht werden.*

Es gibt wenige andere Gelegenheiten, die so drastisch die Notwendigkeit permanenter Reflexion in der Führung zeigen wie der Umgang mit Interessenkonflikten.

Für die Bearbeitung aller – außer innerer – Konflikte wird in Abschnitt 3.5 eine allgemein anwendbare Vorgangsweise präsentiert.

2.5 Social Media

Kaum ein anderer einzelner Begriff wird so sehr im Zusammenhang, ja oft gleichbedeutend mit dem Thema Netzwerke gesehen wie jener der Social Media. Von den unbeschränkten Möglichkeiten und der Macht des Internets ist immer wieder die Rede, ebenso von ausufernden Gefahren für den Datenschutz bis hin zur Suchtgefahr, die von bestimmten Anwendungen ausgeht.

Tatsache ist, dass das reale Möglichkeiten und Bedrohungen sind. Tatsache ist aber ebenso, dass es sich beim Internet im Allgemeinen und bei den Social Media im Besonderen um Dinge handelt, die wir selbst in der Hand haben; als Einzelne zwar immer nur beschränkt (Einzelne können einen Börsenhype, der durch Internetkommunikation erzeugt wurde, nicht verhindern), aber auch das ist eine altbekannte Erscheinung. Schon frühere Kommunikationsmedien wie Buchdruck, Telegrafie, Telefon, Rundfunk, Fernsehen und Mobiltelefon haben jeweils neuen wirtschaftlichen und gesellschaftlichen Wandel ausgelöst – und die Menschen haben gelernt, damit umzugehen. Jedes neue Medium erfordert und bewirkt Anpassungsprozesse, sowohl bei jenen, die es aktiv nützen, wie bei jenen, die das nicht tun, aber dennoch betroffen sind. So war es zuletzt beim Internet (das wieder viele vorangegangene Technologien nützt), und so ist es auch jetzt bei den Social Media, die auf der Internettechnologie aufbauen.

Auch die Social Media in all ihrer verwirrenden Vielfalt sind nicht mehr und nicht weniger als neue Kommunikationsmedien mit untereinander teils ähnlichen, teils unterschiedlichen Eigenschaften, Vor- und Nachteilen. Aber: Sie sind nicht die Netzwerke selbst. Sie sind und bleiben Medien, mithilfe derer Netzwerke zwischen Menschen aufgebaut und entwickelt werden können.

In ihren Grundfunktionen bilden Medien wie Facebook, Xing, Twitter und Google+ (um nur die momentan populärsten zu nennen, morgen können es schon wieder andere sein) zunächst schlicht und einfach ihre Benutzer/innen selbst und deren persönlichen Netzwerke ab, und es liegt überwiegend an den Benutzer/innen, wie viel sie dabei von sich preisgeben. In elementarster Form haben das auch schon die ersten handschriftlichen Telefonverzeichnisse getan. Die moderne Technologie ermöglicht hier noch ungleich reichhaltigere Inhalte, teils durch großzügig (wenn auch nicht uneigennützig) angebotenen Speicherplatz im Medium selbst, teils durch technisch einfach realisierbare Querverbindungen etwa zu Videos, Fotos, Musikkonserven und anderen Inhalten.

Während Telefonverzeichnisse jede zusätzliche Information in den Köpfen der jeweiligen Verfasser/innen belassen haben (alles andere auch noch zu notieren wäre viel zu aufwendig gewesen), bieten die Social Media hier ungleich mehr Freiheit. Und wer diese bedenkenlos nützt, lässt auch gewisse Bedrohungen zur realen Gefahr werden. Zur Erinnerung für jene, die noch selbst händische Telefonverzeichnisse geführt, bzw. zur Information jener, die sie nie gekannt haben: Selbst diese primitiven Verzeichnisse wurden sorgfältig gehütet, denn niemand sollte erfahren, wer aller verzeichnet war. So ändern sich gesellschaftliche Gepflogenheiten.

Über die Grundfunktion der Darstellung des eigenen Profils hinaus kann weiters bei den meisten Social Media die Sichtbarkeit des persönlichen Netzwerks beeinflusst werden. Nicht alle müssen schließlich wissen, wer noch zum persönlichen Netzwerk gehört. Das ist auch im realen Leben so.

Und schließlich bieten alle genannten Social Media die Möglichkeit, themenfokussierte Netzwerke abzubilden, indem – je nach Terminologie – Freunde gruppiert, Gruppen gebildet, Listen angelegt oder Kreise definiert werden.

Das ist in vieler Hinsicht so praktisch, dass etwa Facebook bisweilen von Projektteams als universelles Kommunikationswerkzeug genützt wird. Die privaten Einstellmöglichkeiten erlauben es dabei, Fremde von dieser projektinternen Kommunikation zuverlässig fernzuhalten. Ob Sie dem Betreiber dieses Mediums auch die Möglichkeit geben wollen, die gesamte Projektkommunikation für seine Zwecke auszunützen, ist eine freie Entscheidung, die Sie selbst *unwiderruflich* dadurch treffen, dass Sie Facebook zu diesem Zweck nutzen – oder eben nicht. Inzwischen gibt es längst auch spezielle Anwendungen genau für diese Zwecke. Und auch bei diesen gibt man Informationen an Betreiber weiter, die diese nach eigenem Gutdünken nutzen können.

In ähnlicher Weise ermöglicht man durch die Mitgliedschaft bei Xing diesem Betreiber und allen Benutzer/innen nicht nur Einsicht in das eigene Profil, sondern auch in die eigenen Interessen, Wünsche und Absichten. Diese Erkenntnisse werden noch durch mehr oder weniger aktive Mitgliedschaften in bestimmten thematischen Gruppen erhärtet. Dass auch das Nutzerverhalten durch Xing protokolliert wird, ist anzunehmen. Mit diesen Offenlegungen erlauben Sie Xing selbstverständlich auch, eigene Schlüsse zu ziehen und diese im eigenen Interesse umzusetzen. Immerhin – was Sie alles offenlegen, ist ganz alleine Ihre Sache, und Sie sollten sich darüber doch einige Gedanken machen.

Ähnliches gilt für Twitter und Twitterlisten. Dieses Medium hat das besondere Potenzial, Information lawinenartig schnell zu verbreiten. Zur Unterstützung bieten Twitter und einige frei zugängliche Hilfsanwendungen auch noch effiziente Suchmöglichkeiten an. Den Tweeple, wie die Twitter-User sich selbst nennen, stehen anderseits nur beschränkte Möglichkeiten zur Verfügung, die eigenen Tweets (140-Zeichen-Botschaften) zu lesen, sobald sie etwas weiter zurückliegen – während sie dem Twitterbetreiber selbstverständlich unbeschränkt zugänglich sind und von ihm auch beliebig genutzt werden können.

Google+ bietet über seine Kreise ganz ähnliche Möglichkeiten. Da Google seit jeher kein Geheimnis daraus macht, Nutzerverhalten für eigene Zwecke zu nutzen, und seine Position am Werbemarkt genau dem daraus erarbeiteten Know-how verdankt, ist damit zu rechnen, dass die von Google implizit gewonnenen Daten mit besonderer Kreativität und Akribie verwertet werden. Diesen Absichten dient auch der »+1-Button«, der Webseitenbetreibern von Google bereitwillig zur Verfügung gestellt wird. Er ist ein simples Werkzeug, mit dem laufend Interesse an Themen, Produkten und Leistungen statistisch gemessen werden kann. Gleichzeitig wird aber auch das Einzelverhalten mit den Nutzern des Buttons verknüpft, und diese erstellen im Laufe der Zeit damit ihr eigenes Nutzerprofil mit detailliert darstellbaren Vorlieben, Abneigungen und sonstigen Gewohnheiten. Bei Facebook ist der »Gefällt mir!«-Button das dazu äquivalente Werkzeug, bei Twitter der »Favoriten«-Stern.

Was bedeutet das alles für das Netzwerken im Sinne des Gestaltens von Gemeinsamkeit, von gemeinsamem Arbeiten und für das Führen in Netzwerken?

Social Media stellen außerordentlich potente Hilfsmittel für das Einrichten, Entwickeln und Betreiben sozialer Netzwerke dar. Auch das gezielte Einholen von Information über Netzwerke wird enorm beschleunigt, sofern Netzwerke Zugang dazu gewähren. Schnelligkeit, gezielte technische Vernetzungsmöglichkeiten und kaum begrenzte Datenvolumina machen sie bereits jetzt für viele

Anwendungsbereiche unverzichtbar, selbstverständlich in Werbung, Marketing und Vertrieb, zunehmend aber auch in der politischen Kommunikation, für Bürgerinitiativen und Interessengruppen jeder Art. Inwieweit Kontakte über die Social Media persönliche Kontakte ersetzen können, ist wohl nur durch Praxiserfahrung herauszufinden – mit Überraschungen ist zu rechnen. Innovative Ideen für die attraktive Nutzung der Social Media werden wie bei anderen technologischen Neuerungen einen zeitlich begrenzten Vorsprung sichern. Mit zunehmender gesellschaftlicher Akzeptanz und Anpassung an die Eigenheiten dieser Medien eröffnen sich laufend neue Anwendungsgebiete, die mittlerweile auch Gegenstand wissenschaftlicher Forschung sind.

Bei der Nutzung dieser Medien ist ferner zu berücksichtigen, inwieweit die parallel laufende und hier vor allem die (über das Nutzerverhalten) implizite Verwertung der ins Medium abgegebenen Daten mit den eigenen Absichten verträglich ist. Da die Medienbetreiber ausnahmslos das Recht für sich in Anspruch nehmen, die Daten für ihre Zwecke zu nutzen, und auch nicht zu einer Löschung auf Wunsch der Nutzer bereit sind, sind nach heutigem Stand alle diesbezüglichen Entscheidungen unwiderruflich. Das Löschen von Benutzerkonten löscht nicht die bis dahin verfügbar gemachten Daten. Das Internet vergisst nichts.

Social Media ganz einfach als zusätzlich verfügbare *Medien* zu sehen und nicht, wie es häufig infolge saloppen Sprachgebrauchs geschieht, als *soziale Netzwerke* an sich, macht klar, dass es die Menschen, die an gemeinsamer Arbeit in ihren Netzwerken interessiert sind, selbst in der Hand haben, was sie mit diesen Medien aus ihren Netzwerken machen – und was sie daraus nicht machen lassen wollen.

Diese Perspektive erlaubt eine nüchterne, realistische Einschätzung der Wirkung dieser Medien. Während einerseits viele Menschen noch immer viel zu wenig über Wesen und Potenzial der

Social Media wissen, glauben mindestens ebenso viele an verschiedenste Hypes, die über Social Media verbreitet werden. So ist mittlerweile nachgewiesen, dass Social Media für die Revolution in Ägypten im Frühjahr 2011 zwar relevant, aber keineswegs der alleinige oder auch nur annähernd wichtigste Faktor waren: Nach wenigen Tagen waren das Internet und damit auch der Zugang zu den Social Media nämlich für den Großteil der Bevölkerung gesperrt – die Revolution wurde dann über Mobiltelefone und Mundpropaganda weiter organisiert.

Bücher können, was Anwendungshinweise betrifft, mit dem Entwicklungstempo nicht mehr Schritt halten, denn die Spielregeln für einzelne Medien werden manchmal innerhalb von Tagen ohne Ankündigung verändert. Tagesaktuelle Information über Social Media ist am besten über die Nutzerforen der einzelnen Medien selbst sowie über Spezialistenblogs im Internet zu erhalten, die – übrigens dank impliziter Datennutzung der Betreiber – via Google- oder Twittersuche leicht zu finden sind. Ein Buch, das sich kritisch mit dem Potenzial des Internets und der Social Media auseinandersetzt, ist im Literaturverzeichnis angegeben.

2.6 Verhaltensgrundsätze

Hier kurz zusammengefasst die für das Netzwerken im Kontext dieses Buchs und für das laterale Führen in Netzwerken besonders wichtigen Grundsätze:

- *Langfristig denken: Vertrauen Sie darauf, dass jeder Kontakt einmal nützlich sein wird, und entwickeln Sie die Beziehung.*
- *Vertrauen aufbauen: Die Beziehungen zu neuen Netzwerkknoten brauchen Zeit und Vertrauen, um sich zu festigen. Belastbar werden sie erst später.*
- *Unterschiede bereichern: Auch wenn Sie zunächst mit jemandem »nicht können« oder in einer Netzwerkbeziehung keinen Sinn sehen – vielleicht erschließt Ihnen gerade diese Person*

einmal Zugang zu anderen Menschen, die für Sie sonst unerreichbar wären.

- *Zuhören bringt's: Solange Sie selbst reden, erfahren Sie nichts.*
- *Vorleistungen einzahlen: Nur wenn Ihr Kontostand positiv ist, können Sie etwas davon abheben; Kredite – also Vorleistungen, die Sie von anderen erwarten – sind in diesem Zusammenhang unbeliebt.*
- *Bedürfnisse erkennen: Über die eigenen Bedürfnisse weiß man ja noch ganz gut Bescheid – aber kennen Sie die Ihrer Netzwerkpartner/innen? Erst dadurch wird ein Austausch möglich.*
- *Bitte, Dank, Anerkennung und Wertschätzung: wirken auch schon bei Kleinigkeiten. Diese sozialen Streicheleinheiten mögen Ihnen heute lächerlich erscheinen – warten Sie ab, wie sie sich anfühlen, wenn Sie sie einmal selbst bekommen.*
- *Kontaktpflege: braucht Zeit, ist aber unverzichtbar – andererseits zeigt der Besuch von bereits mehrfach als fruchtlos erkannten Networkingveranstaltungen klar ein Einsparungspotenzial auf.*
- *Grenzen erkennen und ziehen: Manchmal ist eine Grenze erreicht, und ein Nein ist notwendig – vor allem bei Vorleistungen. In diesem Fall sagen Sie's auch: klipp und klar und doch so, dass es Ihr Gegenüber annehmen kann. Feedforwards bewähren sich auch hier, ohne zu verletzen.*
- *Beruflicher Erfolg: hängt in manchen Branchen zu 60 Prozent von brauchbaren Kontakten, zu 30 Prozent von Image und Status und zu zehn Prozent von Leistung ab. Prüfen Sie, welche Prozentsätze in Ihrem Umfeld gelten könnten, und ziehen Sie Ihre Schlüsse daraus bitte selbst.*
- *Social Media: Informieren Sie sich vor Ihrem Einstieg bei erfahrenen Nutzern/Nutzerinnen oder Beratern/Beraterinnen über die Brauchbarkeit bestimmter Medien für Ihre Netzwerkzwecke, sofern Sie nicht zumindest aus anderen Zusammenhängen Vorkenntnisse haben. Sehr oft gibt es preiswerte oder sogar kostenlose technische Kommunikationslösungen, die die Bedürfnisse eines Netzwerks für die laufende Arbeit besser decken als öffentlich verfügbare Medien.*

3

Führung ausüben

Sie haben die Führung im Team oder im Netzwerk lateral übernommen. Wie festigen Sie Ihre Führungsposition, und wie behalten Sie sie so lange, wie Sie es wollen? Wie bewältigen Sie die täglichen praktischen Herausforderungen, die Ihre Führungsaufgabe mit sich bringt?

3.1 Führen und führen lassen

Sobald Sie die Führung übernommen haben, sind Sie in der α-Position: Sie repräsentieren die Ideen, Ziele und Werte der Gruppe nach innen und außen, kommunizieren das Ziel nutzenorientiert, ohne viel zu argumentieren, und Sie handeln (Seite 20). Aus diesen Regeln ergeben sich ganz direkt einige wichtige Schlussfolgerungen:

- *Sie kommunizieren die Ziele verständlich und machen dabei den angestrebten Nutzen einsichtig, Sie brauchen sich dafür aber nicht zu rechtfertigen; das heißt, Ihre Kommunikation beantwortet direkt oder indirekt die Fragen WOZU?, WAS?, FÜR WEN? und WIE?, nicht WARUM?.*
- *Indem Sie Ihre Ideen, Ziele und Werte selbst leben, sind Sie Vorbild für das, was Sie von Ihrem Team verlangen.*
- *Sie nehmen im Dialog mit Ihrem Team immer wieder bewusst andere Positionen, also Perspektiven, ein – das zeigt und fördert Ihre Empathie mit den Teammitgliedern und würdigt deren Leistungen und Probleme.*

- *Sie führen klare und hinsichtlich der Verantwortungsbereiche eindeutige Vertretungsregelungen ein und geben die Führung temporär und auf bestimmte konkrete Inhalte beschränkt immer wieder an andere Personen Ihres Teams ab. Eine schwache Führungsperson würde das nie tun – Sie aber demonstrieren damit paradoxerweise Stärke. Nur jemand, der führt, kann Führung auch selbst abgeben!*

Vor allem der letzte Absatz verdient detaillierte Betrachtung: bewusster, dynamischer Wechsel des Rangs in einem Team bzw. Netzwerk aus der Führungsposition. Damit zeigen Sie, dass Sie über den Dinge stehen, dass Sie Verständnis für die Anliegen der Ihnen zugeordneten Menschen haben und dass es Ihnen nicht um Machterhalt an sich geht, sondern um den Nutzen, der von Ihrem Team oder Netzwerk erwartet wird.

Fallbeispiel »Führung abgeben«: Frau Nova beginnt das dynamische Abgeben ihrer Führung damit, dass sie Vertreter/innen für sich selbst (zeitlich und auf bestimmte Aufgaben beschränkt) nominiert. Sie sorgt dafür, dass sich ihre Teammitglieder im Rahmen von Präsentationen und Diskussionen ihrer eigenen Arbeit führend profilieren und damit an ihren Aufgaben wachsen können. Sie lässt weiters bei Teambesprechungen die Moderation inklusive Protokollerstellung regelmäßig reihum wahrnehmen; damit gewinnt sie Handlungsfreiheit und kann sich selbst aktiver an Diskussionen beteiligen, als wenn sie den Prozess ununterbrochen in der eigenen Hand behält. Ebenso delegiert sie einzelne andere Aufgaben zeitlich definiert (das ist konkreter als »bis auf Widerruf«) verantwortlich an geeignete Teammitglieder und entlastet sich damit weiter. Und sie achtet auf einen konstruktiven Umgang mit Fehlern und Pannen und gibt Verbesserungsideen ihrer Mitarbeiter/innen Raum zur versuchsweisen Realisierung durch diese kreativen Mitarbeiter/innen selbst – auch wenn manche dieser

Ideen nicht das erhoffte Resultat bringen; das haben Versuche eben so an sich. Sie demonstriert daran aber auch, wie sie selbst aus Fehlschlägen konstruktive Konsequenzen zieht, und beteiligt auch dabei wiederum ihre Mitarbeiter/innen.

Möglicherweise entlasten Sie sich und das ganze Team so auch von einem etwas querulantisch gewordenen Ω – indem Sie ihn mit einem seiner Lieblingsthemen beschäftigen und so integrieren. Oder Sie halten einen obergescheiten β auf Trab, indem Sie ihn bitten, sich doch etwas eingehender mit einem neuen Thema zu befassen und Ihnen und dem Team über mögliche Lösungsansätze dazu zu berichten – aus denen Sie selbst dann wieder neue Ziele erzeugen. Ziele formulieren ist Führungsaufgabe. Dabei können Sie andere zwar einbinden, diese Aufgabe sollten Sie aber nie völlig aus der Hand geben! Wenn es Ihnen gelingt, eine(n) β sogar zur Umsetzung eigener Lösungsideen zu bewegen, dann haben Sie eine(n) γ dazugewonnen!

Fallbeispiel »Omega (Ω) integrieren«: In einer Elektronikentwicklungsabteilung schlägt die neue Einkaufsrichtlinie Wellen: Selbst einzelne elektronische Bauteile dürfen nicht mehr im Handeinkauf von den Entwicklern/Entwicklerinnen selbst besorgt und am nächsten Tag via Abteilungskasse zurückverrechnet werden, sondern müssen über eine Eingabemaske formal genehmigt und anschließend bei einem Billigdistributor bestellt werden. Versand erfolgt per Post, Eilzustellung gibt es nicht. Erste Versuche mit dem neuen System ergeben zirka zwei Wochen, bis die Bauteile auf dem Tisch der Entwickler/innen landen. Das bringt die Arbeit zum Erliegen. Der Abteilungs-Ω läuft zur Hochform auf – er verdammt das Management in Grund und Boden, klopft aber parallel dazu auch das neue System auf Schwachstellen ab. Er wird fündig und informiert den Abteilungsleiter: Für Artikel, die der Distributor nicht liefert, gibt es die Option des freien Zukaufs, allerdings nur als Sammelposition für mindestens 250 Euro; die Verrechnung erfolgt dann einen Monat später per Überweisung auf das Privatkonto des Bestellers. In diesem Gespräch finden der Abteilungsleiter und sein Ω sofort eine Lösung für das Beschaffungsproblem: Der Abteilungsleiter erwirkt für seinen Ω einen einmaligen Vorschuss in Höhe von 850 Euro; der Ω geht künftig selbst einkaufen, lässt immer mindestens 250 Euro zusammenkommen und verrechnet diesen Betrag dann über das neue System. Die für ihn selbst anfallende Mehrarbeit, mit der er die Entwickler/innen gegenüber früher sogar wesentlich entlastet, nimmt er zu allen sonstigen Aufgaben gerne auf sich, weil es ihm Vergnügen bereitet, dem System ein Schnippchen zu schlagen. Allen ist geholfen.

Das Prinzip, sich von Einzelaufgaben zu entlasten und sich in Teilbereichen selbst von Ihren Teammitgliedern führen zu lassen, bewirkt, dass Sie selbst mehr Zeit gewinnen, Ihre Aufmerksamkeit auf jene Dinge zu richten, die Ihre Führung langfristig stärken, also die strategisch bedeutsamen Themen: Sie halten Außenkontakte aktiv aufrecht, Sie reden mit Ihrem Team laufend über Arbeitsfortschritte, Probleme und Neuigkeiten und sind so in der besten Position dafür, neue Ziele schon am Horizont zu erkennen, zu überdenken und zur Bearbeitung in Ihrem Team vorzubereiten. Dazu gehört schließlich auch, dass Sie die (inhaltlichen, organisatorischen, materiellen, zeitlichen) Voraussetzungen dafür schaffen, dass Ihr Team alle diese Aufgaben optimal erledigen kann.

So werden Sie im besten Sinn zum Dienstleister Ihres eigenen Teams, so üben Sie Ihre Führung aus und so multiplizieren Sie sich selbst – mit positiver Auswirkung auf Ihre Sichtbarkeit. Inhaltslose Selbstdarstellung erübrigt sich damit wie von selbst.

3.2 Motivation und Demotivation

Zu Beginn dieses Abschnitts werden Sie eingeladen, gängige Vorstellungen des »Motivierens von Mitarbeitern/Mitarbeiterinnen« hinter sich zu lassen. Ja, es gibt diese Modelle und Vorstellungen, sie werden an manchen Universitäten und in vielen Büchern und Seminaren verbreitet – nur die Erfolge lassen erfahrungsgemäß zu wünschen übrig. Es ist richtig und einsichtig, dass vor allem für schlecht bezahlte und intellektuell wenig herausfordernde Tätigkeiten materielle Anreize, vor allem Geld, einen wesentlichen Antrieb für die damit befassten Menschen liefern. Es gibt auch, besonders im Verkauf und im Handel, geldmotivierte Menschen, die mit einer klaren Provisionsregelung tatsächlich gut motivierbar sind. Dort sind übrigens auch Personen bekannt, die bei Erreichen Ihres Provisionsziels ihre Tätigkeit einstellen. Investieren Sie bitte trotzdem etwas Zeit, sich mit der hier präsentierten, in den Grundzügen von R. Sprenger stammenden alternativen Sichtweise offen auseinanderzusetzen, und entnehmen Sie daraus, was Ihnen persönlich umsetzbar erscheint. Und dann lassen Sie sich überraschen: Den Rest bekommen Sie im Laufe der Zeit noch geschenkt dazu.

Also: Wie motivieren wir Menschen, das zu tun, was wir von ihnen wollen? Darauf gibt es eine einfache und allgemein gültige Antwort: Gar nicht.

Wenn nämlich das Bild vom Zustandekommen menschlicher Bedürfnisse und Verhaltensweisen in Abb. 5 stimmt (und inzwischen ist weithin anerkannt, dass das so ist), dann geht es darum, den persönlichen Entschluss »Ich will!« nicht nur von ganz alleine entstehen zu lassen, sondern vor allem darum, sein Entstehen nicht zu verhindern. Jeder Einfluss von außen, der diesen Entschluss aktiv *hervorrufen* will, ist Manipulation und als solche abzulehnen. Dazu gehören sowohl alle Versuche, den Ist-Zustand künstlich so zu verschlechtern, sodass der Druck »weg von« verstärkt wird (»S« wie Sanktion, Strafe, Druck, Drohung), als auch alle Versuche, durch Anreize (»B« wie Belohnung, insbesondere Geld) den Sog »hin zu« einem künstlich veränderten Soll-Zustand zu verstärken.

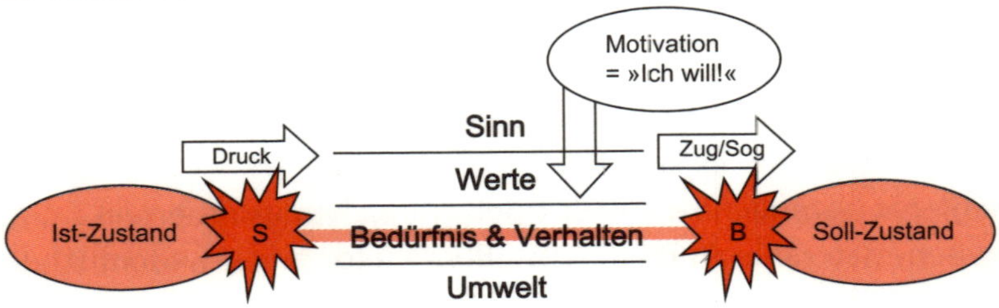

Abb. 14: Das Konzept »Sanktion plus Belohnung«

Diese Eingriffe verändern in Wirklichkeit weder Ist- noch Soll-Zustände, sondern sie stellen zusätzliche, situationsfremde Ist- und Soll-Zustände, nämlich »S« bzw. »B«, vor die ursprünglichen. Das Resultat ist, dass die betroffene Person die ursprünglichen Zustände gar nicht mehr wahrnimmt, auch nicht wahrnehmen kann, sondern nur die künstlich erzeugten, im wahrsten Sinn des Wortes näherliegenden. Auf diese beiden Zustände reagiert die Person dann auch auf absehbare Weise: Sie meidet die Sanktion, indem sie entsprechend ausgerichtete Aktionen setzt (ausweichen, vertuschen, schwindeln), und sie versucht vor allem, an die Belohnung zu kommen – in beiden Fällen ohne Rücksicht auf die ursprünglichen herrschenden Ist- und Soll-Zustände.

Auf den Arbeitskontext übertragen bedeutet das Konzept »Sanktion plus Belohnung«: Nicht die zu erfüllende Aufgabe steht mehr im Blickfeld, sondern das Vermeiden von Sanktionen und das Erlangen von Belohnungen. Es wird bestenfalls so getan, als ob die Arbeit geleistet würde. Wer gerade das Notwendigste tut, um die Belohnung zu erreichen, wer es schafft, der Sanktion geschickt zu entkommen, ja selbst, wer sich die Belohnung erschleicht oder sogar ihre Erhöhung erpresst, der gewinnt. Wie von selbst ergibt sich daraus, dass beide Bestrebungen auf ihre Art süchtig machen: Mit zunehmender Übung wird das Umgehen verschärfter Sanktionen zur sportlichen Aufgabe; und die Belohnung (wann ist man schon ausreichend belohnt?) muss immer weiter gesteigert werden, um beim nächsten Mal noch zu wirken – zwei ineinander verschränkte Teufelskreise.

Um Missverständnissen vorzubeugen: Mitarbeiter/innen unter streng sanktionierten harten Vertragsbedingungen so schlechte *Entlohnung* anzubieten, dass sie sich um die *Belohnung* raufen, um zu überleben, ist kein Beweis für die vermeintliche Wirksamkeit des Konzepts »Sanktion plus Belohnung« – sondern ein glatter Missbrauch abhängiger Menschen. Das gilt auch für einfache Routinearbeiten und jene Menschen, denen sie übertragen werden.

Wenn es einen persönlichen Trost für die relative Machtlosigkeit lateraler Führungspersonen gibt, dann diesen: Ihnen bleibt die Versuchung erspart, dieses Konzept anzuwenden, denn sie verfügen für gewöhnlich über keine Möglichkeiten, materielle Belohnungen auszuteilen. Die Macht, dieses Konzept anzuwenden, haben ja doch nur formelle Führungspersonen. Denen gereicht es allerdings zur Ehre, auf seine Anwendung aus besserer Einsicht freiwillig zu verzichten.

Was also tun?

Vor allem heißt es Abschied zu nehmen von der Vorstellung, Führungskräfte könnten Menschen dazu »motivieren«, etwas zu tun, was diese im Grunde nicht tun wollen. Damit entfällt auch die Versuchung, das Konzept »Sanktion plus Belohnung« anzuwenden. Jede Entlohnung hat unverzichtbare menschliche Grundbedürfnisse zu erfüllen. Ebenso haben Vertragsbedingungen einen angemessenen Leistungsaustausch sowie unverzichtbare ethische Anforderungen festzusetzen, und die Einhaltung dieser grundlegenden Bedingungen (durch beide Seiten) kann auch sanktioniert werden, wie unter rechtsstaatlichen Verhältnissen üblich. Um Leistung und Gegenleistung in beiderseits befriedigendem Ausmaß zu bekommen, ist allerdings mehr notwendig.

Von Arbeitsleistungen unter den heute üblichen Bedingungen weitgehender Arbeitsteilung ist bekannt, dass Menschen die Befriedigung fremder wie eigener Bedürfnisse durch ihre Arbeit und den Sinn ihrer Tätigkeit nur mehr auf Umwegen erkennen, geschweige denn erleben können. Tag für Tag Konservendosen in Verkaufsregale zu schlichten, trotz funktionierender elektronischer Ablage E-Mails und Akten zu kopieren oder den Unrat anderer Menschen zu beseitigen sind klassische Beispiele dafür. Veraltete Prozessorganisation und unzureichendes Führungsverhalten verdecken hier sehr rasch grundsätzlich vorhandene Motivation, ähnlich wie ein zugezogener Vorhang eine Theaterbühne verdeckt. Was immer auf der Bühne passiert – niemand sieht's.

Worauf kommt es beim Führungsverhalten also an? Hier hilft die Erkenntnis weiter, dass grundsätzlich das *Befriedigen von Bedürfnissen* Motivation freilegt, den »Demotivationsvorhang« also wegzieht, und nicht die erreichte Befriedigung. Der Weg ist also das Ziel. Die Erledigung der Aufgabe selbst muss Befriedigung verschaffen, dann wird sie wunschgemäß (oder sogar besser bzw. quantitativ umfassender) erledigt. Konkret geht es um drei Gruppen von Bedürfnissen, deren Bedeutung von Blanchard und Bowles in ihrem Buch »Gung Ho!« im Rahmen einer langen Geschichte einfühlsam demonstriert wird.

Bedürfnisse der GEMEINSCHAFT:

- *Sinn schaffen* durch sinnvolle Arbeit für die Gemeinschaft.
- Typische Gemeinschaften sind: Team, Unternehmen, Schule, Freiwillige Feuerwehr, Verein, Dorf, Staat, private Netzwerke, Interessengemeinschaften, Bürgerinitiativen und viele mehr.

Bedürfnisse der EINZELPERSON:

- *Selbst bestimmen* dürfen, welche Ziele wie erreicht werden – das ist die Führungsmotivation, die jeder gesunde Mensch zumindest für sich selbst in dieser Form hat.
- Einzelpersonen im Arbeitskontext sind: Interessent/in, Kunde/Kundin, Mitarbeiter/in, Führungskraft, Unternehmer/in, Kollege/Kollegin.

Bedürfnisse der BEZIEHUNGEN:

- *Anerkennung und Wertschätzung von anderen zu erhalten* erzeugt Begeisterung und regt zur Selbstverpflichtung an.
- Beziehungen im Arbeitskontext sind solche zwischen den oben genannten Einzelpersonen.

Daraus lassen sich einige sehr klare, verständliche und im Wesentlichen auch leicht umsetzbare Leitideen gewinnen.

- *Die zu erledigenden Aufgabe muss als solche so viel Befriedigung verschaffen und die Nichterledigung muss als solche so viel Druck erzeugen, dass die Arbeit zum Selbstzweck wird (bereits erfolgte Abdeckung der Grundbedürfnisse immer vorausgesetzt).*
- *Dazu muss die Gestaltung der Arbeit und ihrer Umgebungsbedingungen drei Bereiche abdecken, nämlich:*

1. *Sinnvolle Arbeit für die Gemeinschaft leisten:*
    - *Wir tragen zum Wohl der Gemeinschaft bei.*
    - *Wir arbeiten auf ein gemeinsames Ziel hin.*
    - *Wir arbeiten auf der Grundlage bekannter Werte.*

2. *Selbst bestimmen, wie das Ziel zu erreichen ist:*
    - *Wir haben klar abgegrenzte Aufgabenbereiche.*
    - *Wir respektieren Individualität.*
    - *Wir sind den Anforderungen gewachsen und doch gefordert.*

3. *Anerkennung, Wertschätzung und Lob zu erhalten erzeugt Begeisterung:*
   - *Unsere Anerkennung, Wertschätzung und unser Lob, direkt oder indirekt, ist immer echt, und wir anerkennen nicht nur fertige Erfolge, sondern auch schon Fortschritte.*
   - *Lob und Wertschätzung stärken unsere Identität, Anerkennung stärkt unsere Leistungsbereitschaft.*
   - *Geld für Leib und Leben – Freude, Spaß, Anerkennung für die Seele.*

Diese insgesamt neun Leitideen, die laterale Führungspersonen durchaus als Ansprüche verstehen sollten (Hierarchen übrigens auch), gelten für jede beliebige Tätigkeit im Arbeitskontext – auch für Routineaufgaben wie die weiter oben erwähnten. Zweifellos sind diese Ansprüche gerade für Routineaufgaben schwerer erfüllbar als für hochqualifizierte, wissensbasierte und kreativ herausfordernde Aufgaben. Umso mehr sollte das im wahrsten Sinne des Wortes *sinnvolle* Aufbereiten der Aufgaben durch die Führungskraft als eine Herausforderung gesehen werden, der sie sich im Bestreben, die Arbeitswelt in ihrer unmittelbaren Umgebung human zu gestalten, selbst initiativ stellt. Genau das gehört nämlich zu den wichtigsten eigenen Beiträgen von Führungskräften zur Gemeinschaft.

Details zu Lob, Anerkennung und Wertschätzung erfahren Sie im folgenden Abschnitt 3.3.

Konkret und auf das Konzept »Sanktion plus Belohnung«, Abb. 14, bezogen bedeutet das, dass Führungskräfte die Aufgabe haben, die gesamte Kette vom Ist-Zustand bis zum Zweck des Soll-Zustands selbst so in Einklang mit den neun Leitideen zu bringen, dass der »Demotivationsvorhang« möglichst weit weggezogen wird, also keine demotivierenden Einflüsse den Blick auf diese Kette behindern. Das ist der Schlüssel zu einer angemessen selbstständigen, eigenverantwortlichen und befriedigenden Erledigung delegierter Aufgaben durch Mitarbeiter/innen.

Wer über praktikable Grundsätze hinaus noch nach Beweisen für die Wirksamkeit der hier vertretenen Einstellung sucht – hier sind einige aufgezählt. Einer Untersuchung von R. Sprenger der späten 1980er-Jahre zufolge sind die häufigsten *demotivierenden* Einflüsse auf Mitarbeiter/innen …

- geringe Leistungserwartung, das heißt Unterforderung statt der viel zu oft befürchteten Überforderung; das ist übrigens das Hauptproblem bei intellektuell anspruchslosen Routineaufgaben;
- Geringschätzung vorhandener fachlicher oder Prozesskompetenz;
- das Nichtzutrauen eigenverantwortlicher Arbeit, erkennbar am viel zu häufigen Eingreifen der Führungskraft in die Zuständigkeitsbereiche der Mitarbeiter/innen;
- Führungskräfte wissen und können immer mehr als die Mitarbeiter/innen;
- übertriebene Kontrolle (insbesondere des Weges anstatt des Ziels, vgl. Delegationsprozess, Abb. 8);
- selbst tun, statt andere tun lassen – das ist der Gipfel des Nichtzutrauens, das hier bereits in offen demonstriertes Misstrauen übergeht.

Leider scheint sich seit der Zeit der Durchführung dieser Untersuchung nicht wirklich viel verändert zu haben – die Klagen vieler Mitarbeiter/innen bezüglich der Ursachen ihrer Demotivation sind heute nach wie vor dieselben wie damals.

Zusammenfassung des Themas Motivation und Demotivation:

- *Motivation bedeutet Eigensteuerung.*
- *Jeder Mensch hat einen allgemeinen Motivationsüberschuss, der durch Demotivation blockiert werden kann.*
- *Die Schaffenskraft jedes Menschen braucht und sucht ihren Sinn – jeder Mensch will zumindest sich selbst dorthin führen.*
- *Wirkungsvolles Führen setzt motivierte Menschen voraus – darf also vor allem nicht demotivieren.*

Konkret gelten folgende Regeln, um Demotivation abzubauen bzw. gar nicht erst entstehen zu lassen:

- *Selbstverpflichtung ist die Hauptenergiequelle des lateralen Führens – machen Sie diese Quelle in sich selbst auch anderen zugänglich.*
- *Lassen Sie die Mitarbeiter/innen den Erfolg aus der Wiederholung bekannter Aufgaben genießen, UND schaffen Sie Raum für neue Erfolge und fürs Weiterlernen.*
- *Mehr Zufriedenheit kommt aus Arbeit, die ganz in unserer Hand liegt; für Führende heißt das: passende Arbeit in die Hände der passenden Mitarbeiter/innen legen.*
- *Führen und führen lassen!*
- *Leistung fordern, Nutzen bieten, Ziele im Dialog erarbeiten, Umsetzung laufend im Dialog durchsprechen.*
- *Entscheidungs- und Kontrollspielraum der Mitarbeiter/innen vergrößern, statt selbst zu kontrollieren.*
- *Fordern und fördern: Fragen Sie doch einmal Ihre Mitarbeiter/innen …*
    - *Welche Fähigkeiten und Neigungen nützen wir derzeit nicht?*
    - *Wenn die Möglichkeit bestünde: Welche Tätigkeit wäre für Sie ideal?*
    - *Wie sieht Ihre Traumtätigkeit aus?*
    - *Wobei können und wollen Sie uns anführen?*

Darüber hinaus gibt es gerade zum Thema Motivation und Demotivation umfangreiche Literatur; Hinweise dazu finden Sie am Ende dieses Buchs.

3.3 Anerkennung und Kritik

Im vorangegangenen Abschnitt wurde die Bedeutung von Anerkennung und Wertschätzung hervorgehoben. Hier einige sehr konkrete Anmerkungen zu den Themen Anerkennung, Wertschätzung und Lob – drei durchaus verschiedene Dinge. Wie von alleine folgen daraus übrigens jene Verhaltensweisen, wie man als laterale Führungskraft eine konstruktive Fehlerkultur um sich herum aufbaut; s. Abschnitt 3.4.

Anerkennung bezieht sich auf eine gut erbrachte Leistung – ohne Wertung der dahinterstehenden Person. Das ist die Voraussetzung dafür, dass bei ungenügend erbrachter Leistung auch Kritik geübt werden kann – wiederum, ohne dabei die Person zu werten. Wird anlässlich einer gut erbrachten Leistung nämlich anstelle der Leistung die Person bewertet (»Sie sind so supertoll, Herr Maier!«), dann zieht diese Person mit unfehlbarer Sicherheit den Schluss, dass bei schlechter Leistung ebenfalls die Person bewertet werden wird (»Sie sind ein Versager, Herr Maier!«) – und genau das darf nicht passieren. Damit würde die Identität einer Person abhängig von ihren Leistungen, und das wäre eindeutig zu weit gegriffen. Dieses häufige Missverständnis demotiviert schleichend, aber leider sehr wirksam.

Anerkennung bzw. Kritik hat sich somit ausschließlich auf die konkrete und überprüfbare Leistung zu beziehen, am wirkungsvollsten unter Erwähnung des damit erbrachten (bzw. ungenügend erbrachten) Nutzens: »Ihr Bericht, Herr Maier, ist so klar und sorgfältig ausgearbeitet, dass uns die Argumentation unserer Anliegen wesentlich erleichtert wird. Vielen Dank für diese erstklassige Arbeit!« Damit weiß die Person, welcher Aspekt ihrer Leistung welchen Nutzen für die Gemeinschaft erbracht hat, und das schafft die besten Voraussetzungen für die nächste Aufgabe, lässt also keine Demotivation aufkommen.

Ist dagegen Kritik notwendig, wird sie mit entsprechendem Inhalt am besten als Feedforward angebracht. Schönfärberei, also Anerkennung einer fragwürdigen oder gar ungenügenden Leistung, ist zwar zunächst angenehm, senkt aber den Leistungsanspruch der betroffenen Person sowie aller jener, die davon auch noch erfahren. Das widerspricht klar den Interessen aller Beteiligten.

Lob bedeutet im Gegensatz dazu persönliche Zuwendung, bezieht sich ausdrücklich nur auf die Person und stärkt so deren Identität. Auch das ist durchaus positiv und soll anlassbezogen immer wieder vorkommen, etwa bei Festen, Jubiläen, Geburtstagsfeiern und Ähnlichem, darf aber niemals unmittelbar mit Leistung verknüpft werden. Weit mehr noch als Erwachsene brauchen übrigens Kinder und Jugendliche ständig Lob, um ihre Identität erst einmal aufzubauen. Auszubildende und jugendliche Praktikanten brauchen deshalb deutlich mehr persönliche Zuwendung als Erwachsene. Lob hat in angemessener Dosis positiven Einfluss auf die Demotivation, weil es mit der Identität das Selbstwertgefühl stärkt und dadurch die Abhängigkeit von äußeren Erfolgen reduziert. Lobhudelei, also das absichtsvoll in Qualität oder Quantität übertriebene Loben, wirkt klar demotivierend, weil sofort eine Absicht, nämlich ein Zusammenhang mit zu erbringender Leistung, dahinter vermutet wird. Langfristig fehlendes Lob demotiviert schleichend – jeder Mensch braucht Zuwendung, auch am Arbeitsplatz! Das Gegenteil von Lob ist übrigens die Beschimpfung – deren Anwendung unter allen Umständen außer Diskussion stehen sollte.

Wertschätzung schließlich bezeichnet die angemessen (im Gegensatz zu überschwänglich) positive Bewertung eines anderen Menschen. Sie gründet auf einer allgemein positiven inneren Haltung anderen gegenüber und auf der daraus abgeleiteten Bereitschaft, *das Positive in diesen Menschen und ihren Absichten bewusst zu sehen* – auch wenn es Mühe kosten mag, es zu finden. Wertschätzung betrifft einen Menschen als Ganzes, sein

Wesen und seine Absichten. Sie ist aber unabhängig von konkreten Taten und von Leistung. Wertschätzung sollte im Umgang mit anderen Menschen eigentlich allgegenwärtig sein. Sie holt das Beste aus uns Menschen heraus. Ihr Fehlen (zum Beispiel erkennbar am Verweigern von Zuwendung oder, noch drastischer, am mehr oder weniger deutlichen Unterstellen böser Absichten) demotiviert ziemlich rasch und verdirbt das Klima einer Gemeinschaft nachhaltig. Ihr Gegenteil ist die Geringschätzung. Beides wirkt sich entsprechend auf die Identität der betroffenen Person aus. Geringschätzung wirkt sofort stark demotivierend.

Zusammenfassung:

- *Anerkennung bzw. Kritik sind fällig, wenn es die erbrachte Leistung verdient bzw. verlangt; für wirkungsvolle Anerkennung wie Kritik ist der Zusammenhang zum Nutzen herzustellen.*
- *Lob bezieht sich auf die Person und ist in Maßen und unabhängig von der Leistung zu gewähren; jüngere Menschen brauchen mehr davon als ältere.*
- *Wertschätzung bezieht sich auf den ganzen Menschen, auf das Positive in ihm und auf seine positiven Absichten – sie sollte in allen Gesprächen mit anderen Menschen immer präsent sein.*
- *Anerkennung und Wertschätzung sind die wert- und wirkungsvollsten Steuerungselemente unserer Eigenmotivation.*
- *Feedback wird am wirkungsvollsten in die Zukunft orientiert und heißt dann Feedforward.*
- *Entzug von Zuwendung, Geringschätzung und Beschimpfungen haben in zwischenmenschlichen Beziehungen nichts zu suchen.*

3.4 Fehlerkultur

Die Rangdynamik, Abschnitt 1.2, sagt aus, dass ein Team fähig ist, seine Aktionen als Ganzes zu reflektieren; das gilt wie so vieles anderes auch für Netzwerke. Von dieser Fähigkeit sollte unbedingt und häufig Gebrauch gemacht werden. Das bedeutet, dass ein gewisser Zeitaufwand einzuplanen ist, um mit dem Team über es selbst, seine Werte, Absichten, Strategien, Erfolge und eben auch über Misserfolge und mögliche Verbesserungen nachzudenken. Es ist wichtig, mit dieser Tätigkeit ehestens nach der Bildung des Teams zu beginnen und sie laufend fortzusetzen – um nicht erst in Problemsituationen damit anfangen und den Reflexionsprozess erst unter ungünstigen Umständen lernen zu müssen.

Wenn es erst einmal zur Selbstverständlichkeit geworden ist, etwa am Ende jedes regelmäßigen Meetings ein paar Minuten lang die Frage zu reflektieren, was dem Team seit dem letzten Treffen gelungen ist und was weniger gut funktioniert hat, dann werden tiefer gehende Fragen und Antworten im Laufe der Zeit zu einem ebenso selbstverständlichen Teil des Gestaltens der Gemeinsamkeit. Sollte es dann einmal dazu kommen, dass die Reflexionsphase aus Zeitmangel abgebrochen werden muss, dann ergibt es sich ebenso natürlich, auch einmal eine Stunde ausschließlich dem Team selbst zu widmen. Diese Gespräche zu leiten gehört zu den wenigen Aufgaben, die niemals delegiert, sondern immer von der Führungsperson selbst wahrgenommen werden sollen. Die Erkenntnisse und Ergebnisse daraus führen wie von selbst zu entsprechenden Anpassungen von Selbstverständnis und Selbstbild, die das Team von sich hat. Es ist ebenso Aufgabe der Führungsperson, diese Anpassungen dem allenfalls davon immer noch abweichenden Wunschbild gegenüberzustellen – so wird dieses allmählich als Leitbild erkannt und anerkannt, gegebenenfalls auch hin und wieder einmal korrigiert. Erkenntnisse und Korrekturen, die aus gemeinsamen Gesprächen stammen, werden nicht nur sehr rasch und vollständig akzeptiert, sondern auch entsprechend gewürdigt und geschätzt. Sie sind Ausdruck der gestalteten und erlebten Gemeinsamkeit des Teams.

Hier ein kurzer Katalog nützlicher Fragestellungen, die als Anregung oder Ausgangspunkt für die Reflexion der Arbeit, des Selbstverständnisses und des Selbstbildes des Teams oder Netzwerks dienen können, ohne Anspruch auf Vollständigkeit zu erheben. Bei Fragen nach Bewertungen ist eine möglichst einfache (drei- oder maximal vierstufige) Skalierung nützlich, um nicht in verbale Ungenauigkeit abzugleiten.

- *Wie lauten unsere Team-/Netzwerkziele? Was hat sich an ihnen in den letzten Monaten geändert, und welche Änderungen zeichnen sich für die nächsten Monate ab?*
- *Was sind unsere wichtigsten Erfolge der letzten Monate, und was ist in den letzten Monaten schiefgegangen?*
- *Welche wesentlichen Rückmeldungen haben wir von unseren Kunden/Stakeholdern in diesem Zeitraum bekommen?*
- *Welche Aktionen leiten wir aus all dem ab?*
- *An welchen drei wichtigsten Kriterien messen wir unsere individuellen Leistungen innerhalb unseres Netzwerks (Zuverlässigkeit, Verfügbarkeit, Gewinnen neuer Mitglieder, gemessene Leistung und Ähnliches)? Daran anknüpfend Skalierung nach diesen Kriterien.*
- *An welchen drei wichtigsten Kriterien messen wir den Erfolg unseres Netzwerks bei unseren Kunden/Stakeholdern (Erfolgsquote bei Kundengewinnung, Umsatz, akquirierte Fördermittel, öffentliches Auftreten und Ähnliches)? Daran anknüpfend Skalierung nach diesen Kriterien.*
- *Welche Schlüsse ziehen wir aus dem Wachsen/Rückgang unserer Mitglieder-/Kundenzahl?*
- *Welche Trends erkennen wir bei den oben genannten Kriterien, und welche Schlüsse ziehen wir daraus? Verlässlichkeit der Daten und den Zeitraum beachten, über den Daten überhaupt verfügbar sind!*

- *Wo stehen wir im Vergleich zu konkurrierenden/vergleichbaren Netzwerken hinsichtlich oben genannter Kriterien?*
- *Wie können wir fehlende wichtige Information in den oben genannten Zusammenhängen bekommen?*
- *Um welche Veränderungen müssen wir uns nach den oben genannten Kriterien und ihren Bewertungen sofort kümmern, was hat noch Zeit?*
- *Wie bewerten wir das Klima innerhalb unseres Netzwerks?*
- *Was liegt einzelnen Netzwerkmitgliedern derzeit am meisten am Herzen?*

Vor allem bei den eher nach innen gerichteten Fragen kann es zu Beginn der gemeinsamen Tätigkeit entlastend sein, eine anonyme Beantwortung (zum Beispiel mittels Fragebogen oder durch verdecktes Anbringen von Karten) zu ermöglichen, um offene Stellungnahmen zu bekommen; später lässt sich das immer noch ändern.

Die regelmäßige Reflexion des Netzwerks lässt sich im Laufe der Zeit auch zu einem Evaluierungsprozess entwickeln. Zu Beginn der Tätigkeit genügt eine eher qualitativ orientierte und weniger formelle Vorgangsweise, die die themenfokussierte Arbeit möglichst wenig behindert.

Mit zunehmender Übung und Reife werden fruchtbare Reflexionsprozesse im Team allmählich zu einer Selbstverständlichkeit: Erzielte Leistungen und Erfolge werden laufend gewürdigt; Fehler bei Abläufen, Irrtümer und Missverständnisse in der täglichen Arbeit werden wertschätzend besprochen; vermutete und erkannte Verbesserungspotenziale werden ausgeschöpft. Die Verbesserungen können dabei jeden beliebigen Zusammenhang betreffen (Prozesse, Strukturen, Inhalte). Unter diesen Umständen wird immer weniger nach Schuldigen, sondern bereitwillig und immer selbstständiger nach neuen Lösungen und Verbesserungen gesucht. Das ist eine »konstruktive Fehlerkultur«.

Der Umgang mit Fehlern, Versäumnissen und Unachtsamkeiten ist ganz eng verbunden mit den Überlegungen zu Motivation/Demotivation und Anerkennung/Kritik (Abschnitte 3.2 und 3.3). Immer wieder werden nicht nur »absichtliche« und fahrlässige Fehler mit Sanktionen (zum Beispiel Entzug der Zuwendung durch die Führungsperson) und ihre Vermeidung mit Belohnungen nach dem Konzept »Sanktion plus Belohnung« verbunden, sondern auch unabsichtliche und solche, die überhaupt außerhalb des Einflussbereichs davon betroffener Personen liegen. Es ist müßig, entscheiden zu wollen, was davon schlimmer ist – in Bezug auf die Fehlerkultur hat das Konzept »Sanktion plus Belohnung« ausschließlich verheerende Wirkung.

Zur Klarstellung: »Absichtliche« Fehler, also Handlungen, die in Schädigungsabsicht gesetzt werden, sind Sabotage und ohnehin bereits gesetzlich sanktioniert. Sie kommen unter menschenwürdigen Bedingungen so gut wie nie vor und werden daher hier ausgeklammert.

Fehlhandlungen sind unter den folgenden Gesichtspunkten zu sehen, um eine konstruktive Fehlerkultur im Team/Netzwerk aufzubauen:

- *Bis zum unumstößlichen Beweis des Gegenteils gilt die Annahme, dass Mitarbeiter/innen das Beste für das Ganze wollen.*
- *Fehler, Versäumnisse und Unachtsamkeiten sowie Interessenkonflikte zwischen der Einzelperson und dem Gesamtinteresse sind Hinweise darauf, dass an der Gestaltung der Arbeitsbedingungen (Prozesse, Organisation, Infrastruktur, Qualitätssicherung usw.) noch zu arbeiten ist, um bessere Ergebnisse zu erhalten. Zu glauben, dass dieses Streben jemals abgeschlossen sein wird, ist eine Illusion – es endet nie.*
- *Ziel ist, qualitativ und quantitativ gute Ergebnisse über mehr Verantwortungsbewusstsein, Engagement, Eigeninteresse an guter Leistung und Kreativität direkt anstatt durch mehr*

Kontrolle nachträglich zu erreichen. Nur Selbstkontrolle ist erlaubt; nur sie ist nachhaltig wirksam.

- *Das Konzept »Sanktion plus Belohnung« ist einer konstruktiven Fehlerkultur abträglich.*

Hinsichtlich ihrer Wirkung auf Qualitätsverbesserung sind diese Grundsätze bereits weitgehend und allgemein anerkannt. Sie werden in Qualitätsmanagementkonzepten wie KVP (kontinuierlicher Verbesserungsprozess) und Kaizen (japanisch, etwa »Veränderung zum Besseren«) erfolgreich genutzt und umgesetzt. Es deutet alles darauf hin, dass sie auch für das Steigern quantitativer Leistung gelten. Allerdings ist die Einführung derart umfassender und die ganze Organisation betreffender Konzepte im Rahmen des lateralen Führens eher unwahrscheinlich; bei Netzwerken hängt die Einführung solcher Konzepte stark von der Unterstützung und den Kulturen der dahinterstehenden Organisationen ab. Anderseits sind gerade Projekte zur Einführung von Qualitätsmanagementsystemen in Organisationen wegen ihres weit übergreifenden Charakters klassische Fälle für die Anwendung des lateralen Führens.

Fallbeispiel »Selbstkontrolle«: In einem Mittelbetrieb wird Controlling in einer Stabsstelle zum kaufmännischen Geschäftsführer betrieben. Erstens ist das Controlling in dieser Form durch operative Vorgänge und Interessen weniger beeinflussbar, und zweitens will der Geschäftsführer so die vorwärts gerichteten Aspekte über den laufenden Kontakt mit seinem Controller möglichst direkt nützen. Dem Controller fehlt dadurch allerdings beim Einholen der Daten die Weisungsbefugnis. Es zeigt sich, dass er zwar grundsätzlich alle gewünschten Daten bekommt, sie sind aber häufig fehlerhaft und inkonsistent, und es kostet ihn viel Zeit, diese Fehler zu entdecken und zu korrigieren. Ausgehend von der Frage an seine Datenlieferanten *»Wie können Sie selbst Ihre Daten auf Korrektheit überprüfen?«* und dem Hinweis, dass nachträgliche Fehlersuche für alle Beteiligten zeitlichen Mehraufwand bedeutet, stößt er schließlich eine Trendwende an: Gemeinsam mit den Zulieferern entwickelt er Plausibilitätschecks, Datengewinnung und Aufbereitung werden auf mehrere Personen verteilt, die jeweils übergreifend kontrollieren, und schließlich kommen auch noch gemeinsam entworfene Eingabemasken zum Einsatz, die verschiedene Checks automatisieren und Übertragungsfehler überhaupt ausschließen. Das neue System wird innerhalb von drei Quartalen so perfektioniert, dass nicht nur der Controller, sondern auch seine Zulieferer eine klare Zeitersparnis erkennen. Die gemeinsame Arbeit an der Datenqualität hat darüber hinaus eine deutliche Steigerung des Verantwortungsbewusstseins und des Engagements bei der Datenerhebung mit sich gebracht.

3.5 Probleme strukturiert lösen

Im Arbeitsalltag entstehen laufend Probleme und Konflikte. Es ist gut, dafür eine Grundausstattung einfach anwendbarer Lösungsmethoden zu haben.

Schwierigkeiten, die von Sachzwängen herrühren, werden zweckmäßigerweise als Probleme bezeichnet und in diesem Abschnitt behandelt; Schwierigkeiten, die auf Beziehungen, unterschiedliche Meinungen, Werte, Bedürfnisse, Sichtweisen und Ähnliches im Bereich der lateralen Führung zurückzuführen sind, gelten als Konflikte; s. Abschnitt 3.6.

Konflikte, deren Gegenseite weitgehend oder völlig außerhalb des Einflussbereichs der lateralen Führung liegt, sind praktischerweise als Problem zu sehen, weil meistens kein voller Ausgleich möglich ist. Die Hierarchie bietet beim lateralen Führen im Allgemeinen keine Eskalationsmöglichkeiten. Laterale Führungspersonen werden in diesen Situationen oft allein gelassen.

Probleme in lateral geführten Arbeitsgruppen zu lösen, erfordert sorgfältige Vorbereitung und strukturiertes Vorgehen. Die folgende Struktur hat sich vielfach bewährt.

Probleme strukturiert anpacken:
Es ist außerordentlich wichtig, die Inhalte der einzelnen Schritte unbedingt visualisiert und veränderbar zu erfassen, zum Beispiel mittels Moderationskarten, Whiteboard oder Ähnlichem; Stichworte oder minimalistische grafische Darstellungen genügen. Die Mindmaptechnik eignet sich dafür besonders gut.

Der Ablauf folgt dem nachstehenden Schema:

1. *Situation klären: Konsequenzen/Leidensdruck aufzeigen; klären, ob alle das Problem lösen wollen – wer sich nicht beteiligen will, wird höflich zum Gehen aufgefordert.*
2. *Ursachen erforschen: Ideen dazu sammeln und sortieren; Bewertungen von Ursachen in dieser Phase unbedingt vermeiden.*
3. *Ziele vereinbaren: mehrere alternative Ziele formulieren; diskutieren und auswählen; ausgewählte Ziele verbindlich vereinbaren*
4. *Lösungen suchen: Ideen sammeln und sortieren; begründen/analysieren; Bewertungen auf den nächsten Schritt verschieben; Zeit nehmen, als Moderator/in nur im Notfall (zu wenig Material verfügbar) und nach allen anderen Personen eigene Ideen äußern!*
5. *Lösungen vereinbaren in dieser Reihenfolge: bewerten – auswählen – vereinbaren.*
6. *Aktionsplan erstellen: WAS?, WIE?, WANN?, WER? (inklusive Zwischenergebnissen); Verteiler abstimmen; es darf niemand vergessen werden.*

Wenn sich die involvierte laterale Führungsperson selbst in wesentlichem Umfang an der Lösungsfindung beteiligen möchte, etwa weil sie selbst betroffen ist, ist es zweckmäßig, die Moderation einer anderen Person zu übertragen. Eine weitere gute Gelegenheit, sich abschnittsweise selbst führen zu lassen und damit Souveränität zu demonstrieren!

3.6 Konflikte strukturiert lösen

Konfliktlösungsprozesse sind infolge des starken emotionalen Engagements aller Beteiligten grundsätzlich brisanter und daher auch schwieriger zu handhaben als Problemlösungsprozesse. Schon bei relativ harmlos scheinenden Themen kann es vorteilhaft sein, neutrale, möglichst externe Moderatoren/Moderatorinnen beizuziehen. Extern kann in diesem Zusammenhang auch bedeuten, dass die Person wenigstens außerhalb der Organisationseinheit(en) der betroffenen Seiten steht und auch nicht aus einer den Konfliktparteien unmittelbar übergeordneten Hierarchieebenen stammt. In Netzwerken sollte es eine Person sein, die nicht selbst Netzwerkmitglied ist. Wenn solche Personen nicht verfügbar sind, dann sollte sie zumindest nicht von einer der Konfliktparteien stammen. Es geht darum, den Konfliktparteien klar die »Allparteilichkeit« der moderierenden Person zu vermitteln, dass also diese Person keine Interessen vertritt, die tiefer als bis zum gemeinsamen übergeordneten Interesse reichen. Eine Mediatoren- oder Coachingausbildung ist hilfreich, es gibt aber überall Menschen, die ein natürliches Talent für diese Tätigkeit haben – und sie sind dafür innerhalb einer Organisation meistens auch schon bekannt und leicht zu finden. Die Funktion von Konfliktmoderatoren/-moderatorinnen wird im Fallbeispiel »Konfliktvermittlung« im Lichte des ganzheitlichen Führungsmodells nach Abschnitt 4.5 veranschaulicht (Seite 130).

Es ist wichtig und nützlich, sich der möglichen Grundhaltungen gegenüber einem konkreten Konflikt bewusst zu sein. Zunächst einmal gibt es drei elementare Konfliktsituationen:

- Es existiert nichts Gemeinsames (sehr selten – ein übergeordnetes Interesse ist wohl immer und überall vorhanden).
- Es besteht weitgehende Übereinstimmung (untypisch für Konflikte).
- Eine Position irgendwo dazwischen (der Normalfall).

Ein Ausgleich der unterschiedlichen Interessen oder Meinungen im Konfliktgespräch ist möglich durch

- Finden jener Bereiche, in denen Übereinstimmung herrscht,
- (Er-)Finden *und* Erfüllen neuer oder veränderter gemeinsamer Bedürfnisse durch »Angebote« zumindest einer der Konfliktparteien,
- Änderung der Bewertungskriterien durch neue Perspektiven – die »andere Sichtweise«.

Die Änderung der Bewertungskriterien ist zumindest durch eine Aufweitung der Perspektive fast immer und sehr einfach möglich. Anstatt etwa nur über die Anschaffungskosten einer geplanten Investition zu diskutieren, ist es sinnvoll, zum Beispiel auch Folgekosten mit einzubeziehen. Bei Debatten über die organisatorische Neuordnung zweier Abteilungen kann man statt der unmittelbar von den beiden Abteilungen bisher erfüllten Aufgaben auch zusätzliche Randaufgaben oder – was zunächst paradox erscheinen mag – auch noch ein dritte Abteilung mit einbeziehen. Die dadurch zunächst gesteigerte Komplexität hat überraschenderweise sehr oft zur Folge, dass neue Aspekte, neue Probleme und Konflikte, vor allem aber auch neue Lösungsideen, zum Vorschein kommen. Daraus lassen sich dann oft akzeptable (Teil-)Lösungen für den ursprünglichen Konflikt konstruieren.

Der einzige Nachteil des Aufweitens der Bewertungskriterien ist, dass man es auch übertreiben kann – die neu geschaffene Komplexität wird dann zur Belastung, weil sie mehr Verwirrung stiftet, als sie Nutzen erzeugt.

Fallbeispiel »Aufweiten der Bewertungskriterien«: Frau Mudra hat zwei Mitarbeiter in einem lateral geführten Initiativprojekt, mit dem Innovationsideen innerhalb eines Großbetriebs gesammelt und konsequent auf Umsetzbarkeit geprüft werden sollen. Das Vorhaben macht gute Fortschritte, und sie braucht zusätzliche Kapazität. Ihre Chefin darauf anzusprechen ist chancenlos; die hat schon getan, was sie konnte. Sie wendet sich an den Leiter der Entwicklungsabteilung, Herrn Tsuyoi. Der sieht zwar den Nutzen, den er von diesem Projekt haben könnte, will ihr aber nur dann Mitarbeiter zur Verfügung stellen, wenn »gerade nichts zu tun ist«. Das würde bedeuten, dass er bestimmt, wann Frau Mudra jemanden bekommt, nicht sie. Frau Mudra weitet ihre Bewertungskriterien auf: Sie schlägt vor, sich versuchsweise für ein paar Wochen auch mit einem »möglichst hohen Prozentsatz einer vollen MA-Kapazität« zufrieden zu geben, um mehr Manövriermasse im Projekt zu haben. Darüber hinaus würde sie gerne das Angebot in Anspruch nehmen, frei werdende Kapazitäten bis hin zu einem kompletten MA zu beschäftigen. Damit hat sie zusätzliche Freiheitsgrade geschaffen: Sie kann über den Prozentsatz verhandeln *und* zusätzlich über das Angebot Herrn Tsuyois. Dieser handelt den fixen Prozentsatz zwar noch auf 25 Prozent herunter, Frau Mudra gewinnt aber über den Mitarbeiter, der diesen Anteil leistet, so viel Einblick in die Auslastung der Entwicklungsabteilung, dass sie ihre Arbeiten flexibel danach planen kann und nach einiger Zeit durchschnittlich über ca. 80 Prozent eines Mitarbeiters verfügt, wenn auch nicht ununterbrochen im gleichen Ausmaß. Das ist für ihr Projekt durchaus verkraftbar.

Sowohl beim Auffinden gemeinsamer Positionen als auch beim Entdecken oder Schaffen von Ausgleichsoptionen hilft die Perspektive externer Moderatoren/Moderatorinnen sehr oft weiter. Der kooperative Ansatz ist im Arbeitskontext im Grunde der einzig mögliche; er lautet:

- Arbeiten wir zusammen in den Bereichen, wo wir Gleiches wollen.
- Unterstützen wir einander dort, wo wir Verschiedenes wollen.

Alleine das Bewusstsein dieses kooperativen Ansatzes lenkt das Denken bereits in nützliche Bahnen, denn damit rückt das Verhandeln über das Ausmaß der Zusammenarbeit bzw. gegenseitigen Unterstützung in den Fokus des Interesses. Die Gegensätze erhalten anderseits umso weniger Beachtung. An den kooperativen Ansatz sollte deshalb immer in den Eröffnungsstatements zu Beginn eines Konfliktgesprächs erinnert werden. Dazu gehört auch eine grundsätzlich mäßigende Wortwahl bei der Moderation: Es ist gut, offen über den *Konflikt* zu *diskutieren*, deswegen *streitet* man aber noch lange nicht; Zahlen können *deutlich schlechter* geworden sein, deshalb sind sie aber noch lange nicht *abgestürzt*; Fehler sind *Fehler*, und Irrtümer sind *Irrtümer* – beide sind aber noch lange keine *Katastrophen. Mäßigende* Wortwahl muss noch lange nicht *beschönigend* sein – sie kann dennoch bei überlegtem Einsatz das Gesprächsklima ebenso positiv beeinflussen wie die gegenseitige Wertschätzung aller vom Konflikt betroffener Personen und Gruppen. Mäßigende Sprache drückt einfach nüchterne Einschätzung der sachlichen Situation aus – das logische Gegenstück zur Wertschätzung für Personen.

Es ist gut, sich selbst und die Konfliktparteien immer wieder daran zu erinnern, dass es zu einer Einigung keine Alternativen gibt:

- Kampf ist bei Nullsummenspielen sinnlos, weil jeder Gewinn immer auf Kosten jemandes anderen zustande kommt.
- Win-win-Lösungen (oder das, was dafür gehalten wird; vgl. Abschnitt 5.2, Seite 138) entstehen niemals aus einem Kampf

– bestenfalls aus gemeinsamer Lösungssuche.
- Vermeidung führt zu Stillstand, Lähmung, Frustration.
- Kampf, verfehlte Lösungsansätze und Stillstand durch Vermeidung sind aus der übergeordneten Gesamtsicht immer eindeutig schädlich, häufig (leider nicht immer) auch aus der Einzelsicht der Konfliktpartner/innen.

Für Konfliktlösungsgespräche existiert ein ähnlich bewährtes Strukturmodell wie für Problemlösungen.

Konflikte strukturiert anpacken:
- *Eine sorgfältige Vorbereitung der moderierenden Person ist unbedingt erforderlich (Reflexion der eigenen und der Fremdsichten, Lösungsideen, Gefahrenpunkte); vorangehende ausführliche Einzelgespräche mit den Konfliktparteien können sehr nützlich sein.*
- *Die Inhalte der einzelnen Schritte sind unbedingt visualisiert und veränderbar zu erfassen, zum Beispiel mittels Moderationskarten, Whiteboard oder Ähnlichem. Stichworte oder minimalistische Darstellungen genügen. Die Mindmaptechnik eignet sich dafür besonders gut.*
- *Wenn das Gespräch zwischendurch einen Totpunkt erreicht, hilft oft eine längere, klar terminisierte Pause (zum Beispiel für das Mittagessen oder für Spaziergänge); nach Pausen, besonders nach körperlicher Bewegung, kommt es oft zu Bewegung in den Positionen.*

Struktureller Ablauf:
1. *Gesprächsanlass nennen, um Vertrauen bitten.*
2. *Unzufriedenheit, Sorgen aussprechen lassen: Stichworte sammeln, Dampf ablassen, Emotionen immer würdigen.*
3. *Brücken bauen: zum Beispiel »Ich möchte Ihre/unsere/die Situation verstehen – erklären Sie mir/uns bitte …!«*
4. *Empathie/Verständnis ausdrücken: »Mir fällt es auch oft schwer, meinen Ärger in Worte zu fassen …«*

5. *Spannungen aufdecken: Standpunkte klar und wertschätzend herausarbeiten, nichts unter den Teppich kehren; was benannt wird, verliert seinen Schrecken; die guten Absichten der Beteiligten zu nennen, sie also wertzuschätzen, wirkt sehr stark.*
6. *Ziele vereinbaren – oder mögliche Ziele zumindest sichtbar machen.*
7. *Mögliche Lösungen formulieren – wer macht wem welche Angebote? Wenn Gesprächsteilnehmer/innen innerlich um Lösungen oder Zugeständnisse ringen: Geduld zeigen, Ruhe bewahren, auf die Wortmeldung warten – schweigen! Voreiliges Inswortfallen kann Lösungen im Entstehen zerstören.*
8. *Immer wieder nach Gefühlen fragen: zum Beispiel »Was bedrückt Sie bei ...?«, »Was hindert Sie daran zu ...?« Es ist ein weit verbreiteter Irrtum zu glauben, dass Konflikte »sachlich« gelöst werden – die wahren Hindernisse sind immer emotionaler Natur.*
9. *Unerfüllbare Wünsche klar als solche benennen, offen Verständnis dafür zeigen, dass sie unerfüllbar sind. In unmittelbarer Folge ist es sehr wirkungsvoll, auf die im Gegensatz dazu bearbeitbaren, noch offenen Punkte, Ideen und Wünsche zu verweisen.*
10. *Lösungswege verbindlich vereinbaren, allfällige Angebote im Detail sorgfältig festhalten; das vermeidet spätere Umfaller.*
11. *Weitere Gespräche zu einem gemeinsam festgelegten Termin anbieten und sofort vereinbaren, wenn es nicht zu einer vollständigen Einigung kommen sollte – was bei Konfliktgesprächen in der ersten Runde selten der Fall ist.*

4 Führung behaupten und ausweiten

Wer führt, bekommt Gegenwind auch als Erster zu spüren. Wer erfolgreich führt, will mit seinen Aufgaben, mit seinem Team und mit seinem Netzwerk auch wachsen – und auch dabei kann es Gegenwind geben. Beim lateralen Führen ist in diesen Situationen wenig Unterstützung zu erwarten. Da ist es gut, darüber Bescheid zu wissen, wie man sich behauptet: was stärkt, was schwächt, worauf es dabei ankommt und welche Mechanismen hier neben der Rangdynamik noch wirken. Schließlich kommt bei weiterem Wachstum auch der Punkt, an dem ein Netzwerk hierarchische Strukturen braucht – auch dieser Übergang ist hier von Interesse.

4.1 Einfluss ausüben

Die Rangdynamik erklärt aus Beobachtungen, unter welchen Umständen es dazu kommt, dass Menschen die Führung übernehmen, und leitet daraus eine ganze Reihe nützlicher Erkenntnisse ab. Sie erklärt nicht, was dahinter steht.

Wie kommt es also, dass manchen Menschen Führung allem Anschein nach besonders gerne, rasch und häufig übertragen wird, während es für andere offenbar mühevoller ist, die Führung zu übernehmen? Wovon hängt das ab?

Bei der Suche nach diesen Einflüssen hilft die Einsicht, dass der entwicklungsgeschichtliche Erfolg des Menschen nachweislich durch sein soziales Verhalten zustande gekommen ist. Der Mensch war durch seine Fähigkeit und Bereitschaft, sich in Gruppen zu organisieren und unter teils unübersichtlichen und unvorhersehbaren, teils gefährlichen Bedingungen gemeinsam zu agieren, offenbar gegenüber allen biologischen Mitbewerbern in einem langfristig entscheidenden Vorteil. Wenn man an die Bedingungen denkt, unter denen Menschen in frühester Zeit leben, vor allem aber *überleben* mussten, dann muss wohl der Gesichtspunkt der eigenen Sicherheit für das Verhalten des einzelnen Individuums eine überragende Rolle gespielt haben – zweifellos auch für das Gruppenverhalten. Das legt den Schluss nahe, dass die Entscheidung des Einzelnen, sich einem Menschen anzuschließen, ihm zu folgen und sich ihm und seiner Führung anzuvertrauen, seit urdenklichen Zeiten ganz wesentlich vom Aspekt der Sicherheit und vom Gewinn an Sicherheit durch dieses einem-anderen-Folgen beeinflusst gewesen sein muss. Und das gilt wohl bis zum heutigen Tag. Somit ist nach menschlichen Eigenschaften zu suchen, die uns Menschen das unverzichtbare Gefühl von Sicherheit vermitteln, wenn sie sich einem anderen Menschen anvertrauen, ihm folgen, sich von ihm führen lassen.

Der Philosoph Niklas Luhmann hat diesen Einfluss von Menschen auf Führungs- und Folgeverhalten und abseits von Hierarchien untersucht und herausgefunden, dass die zentrale Eigenschaft einflussreicher Menschen ihr »Status« ist. Und Einfluss zu haben ist eine wesentliche Voraussetzung für Menschen, die Führungspersonen werden wollen. Die Eigenschaft »Status« setzt sich aus drei Faktoren zusammen, die anderen Menschen Sicherheit in drei Dimensionen vermitteln.

Das Gefühl der Sicherheit aus der Beziehung zwischen Führungsperson und Geführten entsteht durch drei Statusfaktoren; Das sind Verallgemeinerungen in drei Dimensionen, und zwar betreffend die …

1. *zeitliche Dimension: die zeitliche Verallgemeinerung »Ich habe genau das schon einmal gemacht« (Tradition) erzeugt die positive Erwartung und Sicherheit, dass es auch diesmal wieder klappen wird, und begründet den Statusfaktor Autorität;*
2. *sachliche Dimension: die sachliche Verallgemeinerung »Ich habe X auch richtig gemacht« (Prestige) erzeugt die positive Erwartung und Sicherheit, dass es auch in diesem Fall so sein wird, und begründet den Statusfaktor Reputation oder Image;*
3. *soziale Dimension: die soziale Verallgemeinerung »Andere tun auch, was ich sage« (Imitation) erzeugt oder verstärkt die Folgebereitschaft unter den Menschen einer Gruppe und begründet den Statusfaktor Führungsfähigkeit.*

Die durch die drei Statusfaktoren vermittelte positive Erwartung oder Sicherheit mindert oder beseitigt die Ungewissheit, die Menschen angesichts einer neuen, unklaren, unstrukturierten oder gefährlichen Situation bei sich wahrnehmen. Diese Sicherheit ermöglicht eine Neuorientierung, die jedes Mitglied der Gruppe erkennen lässt, was das Ziel und was als Aufgabe zu tun ist. Das ist der Gewinn, den sich Menschen erwarten, wenn sie sich einer Führungsperson anschließen, und für diesen Gewinn sind sie bereit, ihren eigenen Beitrag zu leisten. Die Mitteilung des Ziels und dessen, was zu tun ist, kommt von der Führungsperson – nach einem Dialog, in dem Details geklärt wurden.

Die ersten beiden Statusfaktoren sind durch objektive Leistungen begründet und über diese direkt beeinflussbar. Die Folgebereitschaft anderer ist hingegen nur durch gute Argumente, Überzeugungskraft und bereits demonstrierte Führungsleistungen beeinflussbar, hängt also stark von anderen Menschen und deren Urteil ab. Daraus ergeben sich Konsequenzen für den Start als Führungsperson.

Die drei Statusfaktoren wirken in drei voneinander unabhängigen Dimensionen auf das gesamte Sicherheitsgefühl der geführten Menschen, ähnlich wie drei unterschiedliche Komponenten im Gebäudeschutz: Jede einzelne Schwachstelle macht den Schutz an anderer Stelle nutzlos. Die Schwäche eines der Faktoren kann nicht in einer anderen Dimension kompensiert werden, alle drei sind gleich wichtig.

Bei allen drei Statusfaktoren wirken *Empfehlungen* durch andere Menschen besonders stark, weil sie zusätzlich noch die *Unsicherheit des eigenen Urteils* ausräumen. Viele Menschen glauben anderen mehr als sich selbst – ein Phänomen, das heute in Internetforen und in den Social Media allgegenwärtig ist und etwa in der Werbung und von Suchmaschinen ausgenützt wird; hier wird vielfach sogar völlig unbekannten Menschen geglaubt (s. Abschnitt 2.5). Bei der Entwicklung von Netzwerken über den Interessenausgleich spielt es ebenfalls eine große Rolle (s. Abschnitt 2.1). Empfehlungen dominieren die Folgebereitschaft besonders. Quantität sticht hier die Qualität mühelos aus.

Status, also die Fähigkeit, Einfluss auszuüben, ist eine Voraussetzung für das Ausüben von Führung, genügt jedoch alleine immer noch nicht, um in den Köpfen anderer Menschen eine Führungsperson attraktiv erscheinen zu lassen. Dazu muss diese Person ihren Status zunächst durch einen aktiven, umsetzungsbereiten und gleichzeitig auch respektvollen, wertschätzenden Ausdruck *selbst* vermitteln. Das geschieht über alle Ausdruckselemente, die die wahrnehmbare Erscheinung beeinflussen.

Jeder Mensch verfügt grundsätzlich über alle notwendigen Ausdrucksmöglichkeiten und kann lernen, sie wirkungsvoll einzusetzen:

- *Empathiefähigkeit*
- *Kommunikation, die Herz und Hirn, Werte und Emotionen anspricht – ein gutes Beispiel dafür ist die »gewaltfreie Kommunikation«*
- *Positive Einstellung und Sichtweise*

- *Freundlichkeit, Zugänglichkeit für andere*
- *Mut*
- *Offenheit und Aufrichtigkeit*
- *Angemessene Kleidung*
- *Angemessenes Auftreten*

Von einer Person, die über Status verfügt und diesen durch entsprechenden Ausdruck auch vermittelt, die also aktiv mitteilt, etwas *bewirken* zu können, sobald sie es will, sagt man, dass sie Charisma (griechisch »Gnadengabe«) hat oder charismatisch ist. Für das notwendige Ausmaß dieses Charismas gibt es keine absolute Grenze. Charisma ist auch nicht messbar. Je nach Notwendigkeiten, Umständen und Alternativen kann auch schon ein relativ geringes Maß davon genügen, um Menschen hinter sich zu scharen. Das erklärt auch, wie leicht erworbene Führung wieder verloren gehen kann: Es genügt die Präsenz einer Person, die erkennbar mehr Charisma hat, und schon hat diese das Potenzial, eine agierende Führungsperson in die Schranken zu weisen, sobald sie das will.

Charisma hat, ähnlich wie etwa künstlerische Leistungen, objektive Komponenten, die im Prinzip jeder Mensch erkennen kann, die Wirkung auf den einzelnen Menschen ist aber unterschiedlich, je nachdem, welche seiner Werte und Interessen betroffen sind (vgl. Abschnitt 3.2, »Motivation und Demotivation«): Eine charismatische Führungsperson ruft bei ihren Anhängern/Anhängerinnen Begeisterung hervor – bei sachlichen oder ideologischen Gegnern/Gegnerinnen wird sie eher Gefühle wie ehrfürchtige Schauer, Furcht, Minderwertigkeit, Beklemmung oder sogar Abneigung bis hin zu Abscheu erzeugen. In jedem Fall aber macht sie Eindruck. Beispiele für alle denkbaren Varianten finden sich in der modernen Medienwelt zuhauf.

Sobald eine ausreichend charismatische Führungsperson beginnt, Ziele und Aufgaben zu kommunizieren (und erst dann), übt sie ihre

Führung tatsächlich aus. Auf diese Möglichkeit zu verzichten – was entscheidungsschwache, desinteressierte oder auch nur unaufmerksame Führungskräfte manchmal tun – ist gleichbedeutend damit, auf vorhandenes Führungspotenzial zu verzichten und damit das Feld anderen zu überlassen. Den so entstandenen Zustand nennt man oft »Führungsvakuum«. So kommt das Phänomen der informellen Führung wohl am häufigsten zustande.

Die nachfolgende Abbildung fasst die beschriebenen Zusammenhänge zusammen.

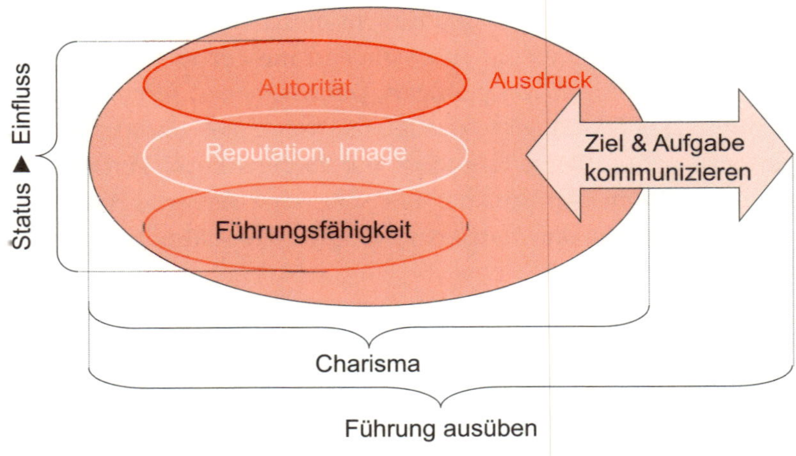

Abb. 15: 1. Autorität, Reputation und die Fähigkeit, Folgebereitschaft zu erzeugen, also die Führungsfähigkeit, bewirken Status; wer Status hat, kann Einfluss ausüben;

2. Status mit dem Ausdruck aktiver, respektvoller Führung wird als Charisma bezeichnet;

3. aber erst die Kommunikation von Zielen und Aufgaben macht aus einem charismatischen Menschen eine Führungsperson, die tatsächlich führt und damit etwas bewirkt.

Menschen, die lateral führen möchten, können also die Führung dort leicht ergreifen, wo Führung nicht vorhanden oder auf sie verzichtet wird. Das ist bei neu gefundenen oder selbst neu geschaffenen Zielen im Allgemeinen problemlos möglich. Bei Rivalitäten kann daher eine bisweilen geringfügige Umorientierung auf neue, abgeänderte oder auch übergeordnete Ziele ausreichen, die eigene Führung neu auszurichten und damit zu behaupten (vgl. Fallbeispiel »Rivalen/Rivalinnen«, Seite 22). In weiterer Folge kann so zum Beispiel über ein Angebot eine beidseitige Beziehung oder eine Partnerschaft begründet werden.

4.2 Mitarbeiter/innen dazugewinnen

Nicht jedes Team entsteht ad hoc aus einer größeren Anzahl von Menschen. Viel wahrscheinlicher, vor allem wenn lateral geführt wird, ist ein langsames Wachsen entsprechend den Anforderungen aus den zunehmenden Aufgaben. Der häufigere Startpunkt des lateralen Führens ist daher, dass die Führungsperson alleine beginnt und sich Schritt für Schritt einzelne zusätzliche Mitarbeiter/innen sucht. Dabei gilt es gleich zu Beginn einige Klippen zu umschiffen.

Das Hinzugewinnen des zweiten Teammitgliedes, mit dem ja eine Führungsperson überhaupt erst zu einem Team wird, ist manchmal schwierig, weil bei diesem Schritt noch keine Vorbilder da sind, die imitiert werden können; Folgebereitschaft ist in dieser Situation daher kaum zu erwarten. Das zweite Teammitglied hat niemand anderen als die Führungsperson selbst als Sicherheit dafür (s. Abschnitt 4.1), dass das ein guter Schritt sein wird – und das ist nicht viel.

Ein besonders schwaches zweites Mitglied zum Mittun einzuladen ist zwar leicht und verspricht kurzfristigen Erfolg, verstärkt aber die Folgebereitschaft weiterer potenzieller Mitglieder nur unwesentlich, und die Verlockung für andere, sich diesem Team anzuschließen, wird gering bleiben. Vor allem hochqualifizierte Personen, die sich aus ihrem Mittun ihrerseits einen weiteren Statuszuwachs erhoffen, werden hier kaum einsteigen.

Ein besonders starkes zweites Teammitglied zu gewinnen, birgt ebenfalls ein Risiko – wenn auch völlig anders geartet: Die Folgebereitschaft wird damit zwar erheblich gesteigert, denn schließlich ist es attraktiv, mit guten Leuten zusammenzuarbeiten, allerdings besteht dann beim Anheuern des dritten Teammitglieds die nicht unwesentliche Gefahr, dass von diesem das zweite Mitglied mit der Führungsperson verwechselt wird. Das dritte Teammitglied würde dann dem zweiten folgen anstatt der ursprünglichen Führungsperson – eine peinliche Situation.

Bei der nächsten Vergrößerung des Team besteht nochmals dieselbe Gefahr, wenn auch bereits deutlich reduziert.

Um diesem Problem aus dem Weg zu gehen, ist es empfehlenswert, nach Möglichkeit und Verfügbarkeit für die Teammitglieder zwei und drei besonders verlässliche Freunde/Freundinnen oder Vertraute auszuwählen. Besonders geeignet dafür sind Menschen, die noch dazu Cheerleaderqualitäten haben, um potenzielle weitere Mitarbeiter/innen rasch und unkompliziert von den Vorteilen des Mitmachens zu überzeugen. Das geschieht durch ihre Empfehlungen, die bekanntlich die Unsicherheit bezüglich des eigenen Urteils ausräumen, und durch positive Äußerungen über die bisherige Arbeit im Team, über die Qualitäten der Führungsperson usw.

Bei diesen ersten Schritten werden Status und Charisma der Führungsperson erstmals auf die Probe gestellt, und es ist wichtig, sich dessen bewusst zu sein: ein Grund mehr, das eigene Verhalten laufend zu reflektieren. Verlässliche frühe Teammitglieder sind dazu berufen, ihrer Führungsperson laufend Feedback zu geben, und je aufrichtiger und offener das geschieht, desto bessere Chancen hat die laterale Führungskraft, rasch das notwendige persönliche Format zu entwickeln, um das Team/Netzwerk weiter zu vergrößern. Sie muss sich ständig um das Gruppenklima bemühen, um die Illusion aufrechtzuerhalten, dass sich Abweichler isolieren würden.

Jeweils bei der Aufnahme neuer Mitglieder durchläuft das ganze Team/Netzwerk einige charakteristische Entwicklungsphasen, die sich auf die Rollen (Funktionen) der Mitglieder beziehen, nicht auf die Ränge (Positionen) laut Rangdynamik, und zwar:

- *Orientierung (forming): Was passiert hier überhaupt? Worum geht es eigentlich?*
- *Positionsfindung (storming): Wer tut hier was, und wo stehe ich hier in Relation zu den anderen?*
- *Vertrautheitsbildung (norming): Sind doch ganz nette Leute, wenn auch vielleicht mit Eigenheiten; langsam kenn ich mich schon aus, und ich weiß, wie das hier läuft!*
- *Konstruktive Zusammenarbeit/Leistungsphase (performing): Wir wissen, was wir aneinander haben, was wir voneinander erwarten können, welche Interessen unseren beidseitigen Beziehungen zugrunde liegen, und wir akzeptieren das auch – jetzt wird endlich gearbeitet!*
- *Abschied und Trennung (transforming): Wie geht's mit uns weiter, nachdem wir das alles geschafft haben?*

Die Mitglieder eines entstehenden Teams durchlaufen diese Phasen kaum jemals synchron. Es gibt auch keine Möglichkeit, einzelne dieser Phasen zu überspringen. Das Durchlaufen kann bestenfalls beschleunigt werden. Ziel ist immer die Leistungsphase. Bei einem größeren Team und Neuaufnahme nur einzelner neuer Mitglieder werden die Phasen bis zu jener, in der sich das Team zuletzt befunden hat, oft sehr rasch (Stunden bis Tage) fast von alleine durchlaufen. Teamleiter/innen können hier ihren Teil dazu beitragen, indem sie entstehende Fragen vorwegnehmend selbst beantworten und den neuen Teammitgliedern temporär Mentoren (Teammitglieder mit längerer Teamzugehörigkeit) zur Seite stellen, die den »Neuen« bei Bedarf als Berater/innen beistehen.

Bisweilen kommt es aber dennoch vor, dass das gesamte Team in einer der unreiferen Phasen steckenbleibt, etwa wenn verdiente Mitglieder bei einer Neuverteilung der Aufgaben nicht angemessen berücksichtigt werden oder wenn teuer eingekaufte Neuankömmlinge übertrieben hofiert werden. Hier kommt es sehr auf die Sensibilität der führenden Person und auf das Vertrauen zwischen dieser und den eingesessenen Teammitgliedern an, um rasch den Grund für die holprige Integration des oder der Neuen herauszufinden. Das sind typische Themen für die Reflexionsphasen in Teambesprechungen (s. Abschnitt 3.4).

Bei Neuankunft größerer Gruppen oder beim Verschmelzen mit anderen Teams sind individuell gestaltete, extern gecoachte Teamentwicklungsworkshops (ein halber bis drei Tage Dauer) empfehlenswert, um das Team ehestens in die Leistungsphase zu bringen. In diesen Workshops werden in lockerer Atmosphäre alle offenen Fragen diskutiert und beantwortet, Problemlösungen erstmals gemeinsam erarbeitet (bis hin zu Verantwortlichkeiten und konkreter Arbeitsaufteilung und -organisation). So wird auf natürliche Weise Vertrautheit zwischen allen Teammitgliedern geschaffen, und so entstehen die notwendigen beidseitigen Beziehungen, die eine Voraussetzung für die volle Arbeitsfähigkeit des Teams/Netzwerks und dessen Belastbarkeit sind.

Wenn man den nicht unerheblichen Aufwand für derartige Veranstaltungen, bestehend aus den Kosten für den Arbeitszeitentfall, für das Coaching und für die Unterbringung während der Teamentwicklung den Kosten eines wochenlang mit deutlich weniger als voller Leistung und bei suboptimalem Klima arbeitenden Teams gegenüberstellt, findet man sehr rasch heraus, dass sich professionelle Teamentwicklung doch immer lohnt.

Die Abschieds- oder Trennungsphase wird oft vernachlässigt oder sogar negiert – mit sehr ungünstigen Folgen für Teamklima und Arbeitsmoral. Vor allem bei Projekten, deren Ende ja geplant und daher von allen absehbar ist, muss schon sehr früh damit begonnen werden zu klären, wie es mit den einzelnen Teammitgliedern nach Projektabschluss weitergeht. Das nicht zu wissen hat vor allem in Organisationen mit überwiegender Projekt- oder Netzwerkstruktur zur Folge, dass sich die Mitarbeiter/innen schon früh Sorgen um ihr eigenes Weiterkommen machen. Das kann rasch die aktuelle Arbeit beeinträchtigen. Es ist Aufgabe von Teamleitern/-leiterinnen, sich dieses Problems anzunehmen und gemeinsam mit dem Team befriedigende Lösungen zu finden. Gerade Menschen, die professionell und planvoll zu arbeiten gewohnt sind, haben mit derartigen Versäumnissen unter Umständen ernst zu nehmende Probleme.

4.3 Wachstum, Krisen, Vertretung

Erfolgreiches Führen macht Teams und Netzwerke erfolgreich – sie wollen wachsen. Neben den im vorigen Abschnitt behandelten Vorgängen im Zusammenhang mit der Neuaufnahme von Teammitgliedern kann es dabei immer wieder zu wachstumsbedingten Problem- und Krisensituationen kommen, die die Arbeitsaufteilung und -organisation, unterschiedliche Interessen und Meinungen und extern bedingte Tagesprobleme betreffen. Für diese völlig normalen wachstumsbedingten Situationen gibt es nach der Rangdynamik Interventionen, die zur Problemlösung beitragen können.

- α kann im Prinzip jederzeit (situativ oder überhaupt aus freien Stücken) temporär jede Rolle annehmen, zum Beispiel um durch ein Gespräch auf gleicher Ebene Anerkennung zu zeigen und damit kleinere Konflikte aufzulösen.
- Die Ω-Rochade: β tauscht dabei temporär Platz mit Ω, um dessen Wachstum zu ermöglichen; dieser Wechsel wird

manchmal von βs selbst eingeleitet, kann aber auch von αs bewusst inszeniert werden; das passiert zum Beispiel immer dann, wenn Ω von α ernst genommen und zu seine Einwänden und Befürchtungen konkret befragt oder sogar beauftragt wird, selbst Lösungen dafür zu finden (vgl. Fallbeispiel »Ω integrieren«, Seite 79).

- Neue Teammitglieder oder Quereinsteiger/innen als Nachfolger/innen ausgeschiedener Personen beginnen immer als Ω. Erst im Verlauf des unvermeidlichen Teamentwicklungsprozesses wachsen sie in ihre spätere Position hinein. Das gilt übrigens auch für alle quer einsteigenden α-Nachfolger/innen: Am ersten Tag ist jedes neue Teammitglied ein Ω. Niemand sollte sich gleich zu Beginn als Chef/in gebärden.

In Krisensituationen gibt es Rollenwechsel, die eher ungewollt, dann aber auch unaufhaltsam passieren können.

- Hat α sein Team zu sehr gefordert oder kommt α seiner Führungsfunktion längere Zeit oder in schwerwiegendem Ausmaß nicht nach, kann es zu einem Stimmungsumschwung kommen, der Ω zum α macht: Dann kann es plötzlich heißen: »Die Letzten werden die Ersten sein.« Oder: »Vorwärts, wir müssen zurück!« Selbst eingespielte Teams ertragen länger andauernde Führungslosigkeit einfach nicht.
- Ebenso kann, wenn α versagt, sich zu weit vom Team entfernt und damit selbst zu Ω wird, oder wenn α einfach überhaupt ausscheidet, ein β zu α werden – zumindest temporär. Als bleibende Nachfolger haben allerdings γs infolge ihrer viel stärkeren Bindung an das Team bessere Chancen. βs sind dafür oft zu bindungsscheu und schrecken dann im letzten Moment vor der vollen Verantwortung zurück.
- Ganz allgemein können γ und β zu Rivalen für α werden, wobei γs mehr an einer dauerhaften Positionsänderung mit größerer Verantwortung interessiert sind (Karriereschritt), während es den βs eher um die Verdrängung des bisherigen α geht, eventuell um andere Veränderungen einzuleiten.

Wichtig ist die Vertretung der Teamleitung. Nicht oder unklar getroffene Vertretungsregelungen sind sehr häufige Anlässe für Konflikte sowie für Aktionen, durch die ein entstandenes Führungsvakuum wieder gefüllt werden soll. Dabei besteht seitens α überhaupt kein Grund, bei klaren Vertretungsregelungen Angst um die α-Position zu haben. Auch wenn es zunächst paradox erscheint – das Übertragen der Führung ist selbst eine klare Führungshandlung und stärkt den Geber, denn nur wer souverän führt, wer wirklich die Führung hat, kann sie (zeitlich oder sachlich immer eingeschränkt) auch ohne Schaden und planmäßig umkehrbar abgeben.

In allen Fällen, in denen funktionierende Vertretungsregelungen umgesetzt werden, gewinnt eindeutig der Initiator einer derartigen Lösung – das System belohnt seine Stärkung.

- *Für spätere Vertretungsfälle kann α vorbauen, indem schon vorher öfter bewusst Positionen getauscht werden, etwa für die Moderation einer regelmäßig stattfindenden Besprechung. Wird die Moderation zum Beispiel von Mal zu Mal reihum ausgeübt, dann kann sich α viel besser selbst in Diskussionen einbringen, außerdem wird das oft lästige Schreiben von Ergebnisprotokollen usw. automatisch mitdelegiert. Ist α dann einmal abwesend, läuft alles weiter wie davor.*
- *Für die Standardfälle Urlaub, Krankheit oder sonstige kurzfristige Abwesenheit von α sind klare und eindeutige Vertretungsregelungen im Voraus zu treffen. Dazu gehört auch ein sorgfältiges Briefing vor allen geplanten Abwesenheiten und die zumindest prinzipiell ständig mögliche Erreichbarkeit von α. Im Normalfall wird sie von kompetenten Vertretungen ohnehin kaum in Anspruch genommen.*
- *α kann einzelnen Gruppenmitgliedern auch die Führung in Teilgebieten permanent übertragen und so Teammitgliedern mit Führungsambitionen ein organisches Wachstum »on the Job« ermöglichen. Das ist eine der wirkungsvollsten Methoden, wertvollen Mitarbeitern/Mitarbeiterinnen solides Wachstum zu ermöglichen.*

- *Bei Gruppen mit mehreren Mitgliedern ähnlichen Kompetenzniveaus ist im Einverständnis sogar ein rotierender Führungswechsel möglich. Selbst wenn die Rollen bei dieser Regelung formal absolut gleichberechtigt ausgestattet sind, sichert sich der Initiator dieser Lösung alleine durch die gezeigte Initiative eine klare Führungsrolle als Erster unter Gleichen.*

Fallbeispiel »Rotierende Dreierführung«: In einem internationalen Forschungszentrum wird die Leitung eines Bereichs mit rund 500 Mitarbeitern/Mitarbeiterinnen alle drei Jahre neu besetzt. Aus fachlichen Gründen ist es üblich, dazu jemanden aus dem Bereich selbst zu rekrutieren, der nach dieser Funktionsperiode wieder an seinen ursprünglichen Platz zurückkehrt. Auch diesmal stehen drei kompetente Kandidaten zur Verfügung. Alle drei sind weltweit anerkannte Wissenschaftler in ihren jeweiligen Gebieten, und alle drei haben Sorge, nach drei Jahren ausschließlicher Managementtätigkeit in ihren jeweiligen Fachgebieten den Anschluss verloren zu haben. Sie machen daher den gemeinsam abgestimmten Vorschlag, die Position formal zu dritt zu übernehmen, wobei in zyklisch wechselnder Folge jeweils einer von ihnen die Funktion ein Jahr lang alleine bekleidet, jedoch Entscheidungen ab einer gewissen materiellen Grenze sowie strategische Entscheidungen zwecks Einhaltung einer kontinuierlichen Linie immer in Abstimmung mit den beiden anderen im Hintergrund trifft. Nur der jeweils amtierende Manager bekommt das vorgesehene volle Gehalt, die beiden anderen arbeiten für ihr normales Gehalt in ihrer normalen Funktion. Der Vorschlag wird angenommen, die Funktionsperiode verläuft für den ganzen Bereich höchst erfolgreich, und am Ende der Dreijahresperiode haben alle drei in ihren Lebensläufen eine hervorragende Referenz über je ein Jahr anspruchsvoller Managementtätigkeit.

Kreativität und Initiative im Zusammenhang mit der Weiterentwicklung von Teams, Netzwerken und sonstigen Organisationseinheiten lohnt sich immer: Das System anerkennt diese Fähigkeiten, wenn sie ihm dienen. Das zeigt sich zumindest in erheblich gesteigertem Ansehen der betreffenden Personen, früher oder später aber auch in materieller Form und neuen Karrieremöglichkeiten.

Einer bedauerlichen Fehleinschätzung unterliegen hingegen jene Führungskräfte, die kompetente Mitarbeiter/innen entweder aus Angst, von ihnen überrundet zu werden, oder aus Sorge, unverzichtbare Kompetenz im eigenen Wirkungsbereich zu verlieren, an Wachstum und Karriere hindern. Sie bekommen früher oder später negative Reaktionen des Systems zu spüren: weniger attraktive Neubesetzungen, sinkende eigene Bedeutung innerhalb der Organisation, weniger Einfluss – und keine potenziellen Netzwerkpartner, bei denen sie soziales Guthaben durch Investition in deren Karriere aufgebaut haben. Gerade laterale Führungskräfte, die ihre Position immer toleranten formellen Führungskräften verdanken, sollten in dieser Beziehung besonders aufgeschlossen sein.

4.4 Übergang zur Hierarchie

Wie bereits beim ersten Kennenlernen des Teambildungsvorgangs (Abschnitt 1.1, Seite 18) angemerkt, gibt es eine optimale Teamgröße von etwa sieben Personen, die durchaus einen größeren Spielraum nach oben und unten zulässt. Ab der doppelten Größe dieses Optimums ist jedoch mit Fraktionsbildung bis hin zu Zerfallserscheinungen zu rechnen. Aus dem großen bilden sich mehrere kleinere Teams, und wenn keine entsprechenden Vorkehrungen getroffen werden, kommen in diesen neuen Teams informelle Führungspersonen zum Zug, die die Ziele der einzelnen Teams selbst bestimmen.

Führungsspannen von zehn und mehr sind für Führungskräfte zunehmend schwieriger beherrschbar. Um dieser Entwicklung zuvorzukommen, sind rechtzeitig hierarchische Strukturen vorzusehen. Es ist daher sinnvoll, fähige Mitarbeiter/innen als Leiter/innen neu zu bildender Teams zu nominieren. Diese können ohne weiteres aus dem Kreis jener Personen kommen, die sich vermutlich als informelle Führungspersonen profilieren würden. Sie sind nahezu immer schon im Voraus bekannt und sind auch oft bereit, diese Verantwortung zu übernehmen. Alternativ ist die Nominierung ein Fall für die nächste Teambesprechung. Teamleiter/innen, die aus einem derart offenen Prozess hervorgehen, können mit bestmöglicher Akzeptanz rechnen. Nicht immer ist es hilfreich, Kandidaten/Kandidatinnen für neue Führungspositionen nach Verdiensten auszuwählen, die sie in Funktionen in anderen organisatorischen Zusammenhängen erworben haben. Positive Erfahrungen aus inhaltlich und organisatorisch verwandten Aufgaben zählen, besonders aber die Intiative, die Führung aktiv anzustreben, und der Wille, sie auch verantwortungsbewusst auszuüben. In einem neuen Team/Netzwerk werden die Karten neu gemischt.

Durch diesen Vorgang der Selbstorganisation entsteht im ursprünglichen Team oder Netzwerk erstmals eine interne hierarchische Struktur. Es ist einerseits möglich, das Prinzip der lateralen Führung auch über diese ganze Struktur hinweg aufrechtzuerhalten, vorausgesetzt, die interne Hierarchie wird (auch von den einbettenden Organisationen) anerkannt und respektiert. Das ist von innen gesehen auch durchaus realistisch und machbar. Andererseits wird ein Team, das diese Größe erreicht, ohnehin schon erhebliche Aufmerksamkeit der einbettenden Organisationen auf sich lenken, und es kann deshalb zu entsprechenden Umstrukturierungen kommen, die die lateralen Strukturen in hierarchische überführen und in die Gesamtorganisation integrieren. Das kann die Umwandlung der lateralen Führungspersonen in Linienführungskräfte bewirken, was auch systemisch weitgehend reibungslos abläuft. Es kann aber auch dazu kommen, dass die lateralen Führungskräfte auf ihre ursprünglichen Funktionen reduziert und durch neu nominierte Linienkräfte ersetzt werden; das würde sicher Probleme provozieren und erfordert für eine stabile Neuordnung eine klassische Organisationsentwicklung. Zwischen diesen beiden möglichen Entwicklungen sind auch komplexe Mischformen möglich, wie das nachfolgende Fallbeispiel zeigt.

Fallbeispiel »Selbstorganisation eines Vereins«: Die medizinisch-wissenschaftliche Vereinigung einer Anzahl von Primarärzten und Universitätsprofessoren eines bestimmten Fachgebiets hat sich aus kleinen Anfängen als Interessengruppe zu einem Verein mit mehreren hundert beitragszahlenden Mitgliedern und einigen ehrenamtlichen, daneben aber voll berufstätigen Funktionären entwickelt. Die Fachdisziplin hat im Laufe der Jahre stark an wissenschaftlicher und praktischer Bedeutung gewonnen, und es wurde ein wissenschaftlicher Beirat mit inzwischen rund 20 höchstqualifizierten Mitgliedern eingerichtet. Im Rahmen eines Strategieworkshops des dreiköpfigen Vorstands und des Beirats wird zunächst über die fachliche Weiterentwicklung und über die ständig zunehmenden Aufgaben des Vereins als Interessenvertretung aller Mitglieder diskutiert. Dabei bilden sich Fraktionen nach gewissen Interessen, aus denen drei Teams entstehen. Etwas überraschend kristallisiert sich parallel dazu aber auch bei allen der Wunsch nach einer hauptberuflich angestellten Geschäftsführung des Vereins heraus. Das wird kurzerhand beschlossen, der Vorstand setzt das innerhalb weniger Wochen um und zieht sich danach auf eigene Initiative und im eigenen Interesse auf eine reine Aufsichtsfunktion zurück. Die zunächst entstandenen drei Teams im Beirat unterstehen spontan nominierten lateralen Führungskräften und werden je nach Bedarf und Aufgaben immer wieder einmal aufgelöst und durch neue ersetzt. Der Geschäftsführer übernimmt mit einer ebenfalls angestellten administrativen Kraft alle bisher vom Vorstand erledigten operativen Aufgaben. Der Verein ist inzwischen der übergeordneten Interessenvertretung als eine außerordentlich durchsetzungsfähige Teilorganisation zugeordnet worden, agiert aber weiterhin eigenständig.

Es ist nützlich, diese Vorgänge auch unter soziologischen Aspekten zu analysieren. Das Wachsen von Teams und Netzwerken ruft Fragen nach der Sicherheit der darin eingebetteten Einzelpersonen und neu entstehenden Substrukturen hervor. Die beschränkte Beherrschbarkeit wachsender Mitgliederzahlen spiegelt sich in einer wachsenden Unsicherheit der Einzelpersonen wider. Das immer unvollständiger befriedigte Sicherheitsbedürfnis ist die eigentliche Triebkraft hinter dem Streben nach Neustrukturierung, nach zusätzlichen Führungspersonen, nach Hierarchie. Stabile hierarchische Strukturen mit klaren Verantwortlichkeiten, zweckmäßig strukturierte Organisationseinheiten samt entsprechend abgestimmten Abläufen geben in der Regel mehr Sicherheit als situativ unvorhersehbare Führungsverhältnisse. Das ist der Hintergrund, vor dem diese Vorgänge ablaufen.

4.5 Ein ganzheitliches Führungsmodell

In den vorangegangenen Abschnitten wurde die Funktion des lateralen Führens aus den Perspektiven der Rangdynamik nach R. Schindler und der Einflussfaktoren nach N. Luhmann beschrieben. Daraus leiten sich konkrete Verhaltensweisen ab, um verschiedenste Führungssituationen meistern zu können.

Abschließend wird nun ein sehr elementares drittes Modell vorgestellt, das durch seine Einfachheit und seinen ganzheitlichen Ansatz besticht. Wie bei sehr allgemeinen und grundlegenden soziologischen Modellen üblich, ist es hier etwas schwieriger, konkrete Verhaltensweisen abzuleiten. Allerdings lassen sich die in diesem ganzheitlichen Ansatz geltenden Grundsätze ähnlich Glaubenssätzen sehr gut als Basis eines ganzheitlichen lateralen Führungsverständnisses heranziehen. Daraus folgt eine neue Führungseinstellung, die im Laufe der Zeit wie von selbst zu den richtigen Schlüssen und zu den gleichen Verhaltensweisen führt wie die beiden anderen Ansätze.

Die Idee ist, sich bei allen Führungshandlungen auf drei *Schlüsselprozesse* zu besinnen, die allerdings (im Gegensatz zu den drei Dimensionen der Luhmann'schen Einflussfaktoren aus Abschnitt 4.1) nicht unabhängig voneinander sind, sondern einander sogar gegenseitig unterstützen. Alle drei Schlüsselprozesse beeinflussen jeweils bestimmte Bereiche innerhalb der Beziehungen zwischen Führungsperson und den Geführten. Laterale Führungshandlungen nutzen diese Schlüsselprozesse und bauen ausschließlich auf ihnen auf – und das genügt. Diese Schlüsselprozesse sind:

A. Vertrauen schaffen

- »Vertrauen zu haben« bedeutet, bezüglich einer Kooperation in Vorleistung zu treten in der Hoffnung, später eine angemessene Gegenleistung für diese Investition zu erhalten.
- Vertrauensbeziehungen sind somit »Tauschbeziehungen ohne Gewissheitsäquivalente«, wie Luhmann das in seiner typischen Diktion nennt.
- Vertrauen macht das Risiko einer Kooperation, also die Abhängigkeit von anderen, tragbar.
- Der Ausdruck »jemandem Vertrauen entgegenbringen« macht deutlich, dass Vertrauen in Wirklichkeit eine Bringschuld ist. Wer nicht selbst damit beginnt, wartet vergeblich darauf, dass ihm vertraut wird.
- Vertrauen zu schaffen ist ein nichtlinearer, positiv rückgekoppelter Prozess: Häufiger Vertrauensvorschuss wirkt langsam verstärkend, Enttäuschung von Vertrauen wirkt hingegen

rapide abschwächend. Vertrauen gewinnt man langsam – und man verliert es schnell.

- Misstrauen ist eine ebenfalls häufig eingesetzte Strategie zur Risikoreduktion (Verträge; Absicherungen für den Fall, dass …; Strafandrohung; Vorgehen nur in demonstrativ kleinen Schritten usw.).
- Kooperation ist daher auch auf der Basis von Misstrauen möglich.
- Beziehungen, die durch Misstrauen und daraus abgeleitete Verhaltensweisen geregelt werden, sind jedoch eindeutig weniger flexibel, daher schwerfälliger, und emotional eher belastend.
- Misstrauen ist deshalb gerade für laterales Führen ein ungeeigneter Prozess – es macht dessen wesentliche Vorteile zunichte.

Strategien zum Vertrauensaufbau:

- *Direkte Ansprache von Vertrauen (»Hab doch Vertrauen zu mir!«) wirkt kontraproduktiv – das Einfordern einer Bringschuld bei der Person, der man sie selbst schuldet, signalisiert, nicht ganz ohne Logik, bereits einen Vertrauensverlust.*
- *Vertrauen ist in weniger wichtigen Situationen aufzubauen, um ein soziales Vertrauensguthaben für schwierige Situationen zu haben.*
- *Vereinbarungen sind möglich, sinnvoll und reduzieren zunächst das Risiko, solange das erforderliche Vertrauen noch nicht verfügbar ist; später müssen sie allerdings wieder gelockert oder aufgelöst werden, um erreichtes Vertrauen zu demonstrieren und zu honorieren.*
- *Offenheit, Aufrichtigkeit und Mut (zum Beispiel Offenlegen äußerer Zwänge, proaktiv eigene Information geben, Eingeständnis gelegentlicher Fehler) senken die Hemmschwelle gegenüber Investitionen in Vertrauen, fordern andere zum Entgegenbringen ihres Vertrauens heraus und stärken damit die Wirkung bereits vorhandenen Vertrauens.*

B. Verständnis erzeugen

- »Verständnis füreinander haben« bedeutet, einen gemeinsamen Denkrahmen zu kennen, der Unterschiede diskutierbar und prinzipiell auch veränderbar macht.
- Erreicht wird dieser Zustand durch das »Zeigen von Verständnis«: Auch Verständnis ist offenbar eine Bringschuld, wie unser Sprachgebrauch zeigt.
- Im Gegensatz dazu ist Unverständnis durch *verfestigte* unterschiedliche Sicht-/Denkweisen gekennzeichnet.
- Verständnis selbst ist eine multifaktorielle Erscheinung, das heißt, das Zurückbleiben einer Seite wirkt sich sofort auf die Gesamtsituation aus – wie die Faktoren eines Produkts. Das volle Verständnis einer Seite hilft nicht weiter, solange es der anderen Seite fehlt.
- Typisch für gutes, also beidseitiges Verständnis ist seine Symmetrie.
- Symmetrie ist manchmal mit externer Hilfe (Moderation, Coaching, Mediation) leichter zu erreichen.

Strategien zum Verständnisaufbau:

- *Fragetechnik: vor allem offene (»W«-Fragen mit Ausnahmen von Warum?, Wieso?, Weshalb?) und zirkuläre Fragen (das sind solche, die den Befragten eine andere Perspektive eröffnen) stellen, etwa:*
    - *Welche Auffassung der einen Seite stört die der anderen?*
    - *Was verraten die Redeweisen der beiden Seiten von sich und was von dem, was sie über die jeweils andere Seite denken?*
    - *Welche Interessen vermutet die eine Seite bei der anderen?*
    - *Welche Gedanken werden von der einen/der anderen Seite gefürchtet?*
    - *Stellen Sie sich bitte vor, Sie wären in meiner Situation: Was ginge Ihnen da durch den Kopf, und was würden Sie danach tun?*
    - *Wodurch, meinen Sie, wird die Situation der anderen Seite noch weiter verschlechtert? (»Verschlechterungsfrage«)*

- *Neue Begriffe oder Metaphern einzubringen, erleichtert das Loslassen der alten – und damit der verfestigten Sichtweisen; oft kommt ein Thema wieder in Schwung, sobald ihm nur ein neuer Name gegeben wird; auch das bereits erwähnte Aufweiten der Perspektive (Abschnitt 3.6 »Konflikte strukturiert lösen«) gehört hier dazu.*
- *Die Situation bewusst und erkennbar zu verfremden (übertreiben, in die Zukunft projizieren, Verschlechterungsfrage, Perspektive erweitern usw.), erzeugt neue Denkrahmen.*
- *Inkompatible Glaubenssätze aufeinander wirken lassen, statt sie unter den Teppich zu kehren – Konflikte enthalten immer ungeahnte Chancen!*

C. Interessen ausgleichen

- Interessen sind der Ursprung jedes menschlichen Handelns.
- Verschiedene Menschen haben so gut wie immer auch verschiedene Interessen.
- Interessenausgleich ist ein völlig normaler Prozess und keine Funktionsstörung – er überwindet Blockaden.
- Beim Ausgleichen/Durchsetzen von Interessen spielen Status und Rang (rangdynamische Position) wichtige Rollen. Statusinhaber müssen bei Ausgleichsprozessen und beim Durchsetzen von Interessen weniger investieren, ihr Status wirkt verstärkend. α-Ränge setzen ihre Vorhaben viel leichter durch als γ-Ränge; wenn es aber gelingt, Ziele daraus zu konstruieren, arbeiten dafür die γs bereitwillig an der Umsetzung mit.
- Das Fehlen institutioneller Macht verschiebt beim lateralen Führen das Hauptgewicht im Interessenausgleich auf
  - sorgfältige Vorbereitung und Dialog,
  - »soft skills«,
  - Einfluss, systemisches Denken, Verantwortung.
- Eskalation an dritte Instanzen ist beim lateralen Führen kaum jemals eine brauchbare Alternative. Zudem wertet sich die eskalierende Person selbst ab, weil sie offenbar ihrer Lösungskompetenz nicht vertraut.

Strategien zum Interessenausgleich:

- *Der Ausgleich wird häufig durch Einzelinteressen gestört – hier hilft die Erweiterung des zugrunde gelegten Rahmens, etwa durch Auffinden eines übergeordneten Interesses oder Nutzung einer übergeordneten Systemregel (s. deren Zusammenstellung gegen Ende von Abchnitt 1.3, »Führung legitimieren«, Seite 32).*
- *Status geltend machen – selbst Menschen in sehr inferioren Funktionen können gelegentlich enormen Einfluss ausüben.*
- *Netzwerke (insbesondere mit einflussreichen Personen) bilden und den Ausgleich über diese Netzwerke herbeiführen.*
- *Tauschgelegenheiten schaffen durch Nutzenforschung – die wichtigste Frage in diesem Zusammenhang lautet: Was nützt wem?*
- *Neue Mitspieler einbinden: Was zunächst nach Steigerung der Komplexität aussieht, kann über eine Veränderung der Interessenlage festgefahrene Gespräche wieder flott machen (entspricht dem Aufweiten der Perspektive).*
- *Neue Regeln und Vereinbarungen verändern ebenfalls die Interessenlagen – zum Beispiel betreffend Mitsprache bei bestimmten Themen.*

Die drei Schlüsselprozesse Vertrauen, Verständnis und Interessen verstärken und stützen einander und können einander temporär ersetzen. Sie gewinnen durch gegenseitige Verzahnung weiter an Wirksamkeit: So etwa erleichtern Vertrauen und Verständnis einen fehlenden Interessenausgleich bis hin zu dessen völligem Entfall – zumindest über einen bestimmten Zeitraum hinweg. Damit lässt sich Zeit gewinnen. In verfahrenen Situationen hilft manchmal auch der Umstieg auf einen der beiden anderen Schlüsselprozesse: etwa ein Interessenausgleich in einem kleinen, wenig strittigen Teilgebiet, anhand dessen Vertrauen und Verständnis so lange gleichsam geübt werden können, bis auch schwierigere Situationen bewältigbar erscheinen.

Fallbeispiel »1. Kleiner Interessenausgleich«: Die Firma ABCPrint, führender Hersteller moderner Druckmaschinen, verhandelt mit einem Institut einer Technischen Universität über eine revolutionäre neue Drucktechnologie. Das Institut hat seine langfristige Drittmittelfinanzierung im Auge, legt die Gespräche auf eine mehrjährige F&E-Zusammenarbeit an und will ABCPrint über einen umfangreichen Vertrag an sich binden. Die technische Leitung von ABCPrint hat zwei schwierige Jahre und einen technischen Flop mit einem Druckfarbenpartner hinter sich, ist dadurch vorsichtig geworden und zögert. Die Verhandlung stockt. Schließlich regen die Anwälte beider Seiten einen Minimalschritt an, der die Interessen beider Seiten jedenfalls befriedigt: ABCPrint finanziert in den nächsten sechs Monaten zwei Diplomarbeiten, die Schlüsselfragen klären sollten; dadurch können die beiden Partner einander besser kennenlernen, und bestehende Unsicherheiten werden ausgeräumt.

Interessant ist die Beobachtung, dass die formale Hierarchie oft einzelne der drei Prozesse für »stärker« oder »wertvoller« hält als die anderen – die Stärke des lateralen Führens liegt aber gerade in deren flexibel gesteuertem Einsatz. Andererseits können negativ eingesetzte Schlüsselprozesse einander auch behindern – ein einseitig durch asymmetrischen Statuseinsatz *erzwungener* Interessenausgleich zerstört zum Beispiel Vertrauen: ein typischer Fehler formaler Hierarchen (Zwang ist eine Systemverletzung).

Fallbeispiel »2. Interessen dominieren«: Sechs Monate sind vergangen, die zwei Diplomarbeiten haben Ergebnisse gebracht, die beide Seiten als ermutigend sehen. ABCPrint und das TU-Institut sitzen wieder bei Verhandlungen; neuerlich geht es um eine langfristige Partnerschaft; beide sind bereit dazu. Da berichtet das Institut davon, dass inzwischen geknüpfte Kontakte mit dem kleinen Druckfarbenhersteller PrintColor erkennen lassen, dass mit dessen Produkten noch wesentliche Steigerungen der Druckgeschwindigkeit in Reichweite erscheinen. ABCPrint wird hellhörig und verlangt, PrintColor in das Abkommen mit einzubeziehen, um so eine marktbeherrschende Stellung zu erlangen. (Später wird bekannt, dass ABCPrint zu diesem Zeitpunkt sogar überlegt, PrintColor nötigenfalls aufzukaufen, um dieses Interesse durchzusetzen.) Das TU-Institut vertagt die Verhandlung, um mit PrintColor zu sprechen.

Fallbeispiel »3. Zwang zerstört Vertrauen«: Das TU-Institut versucht verzweifelt, PrintColor zu einer gemeinsamen Kooperation mit ABCPrint zu bewegen. PrintColor fürchtet – ohne zu wissen, wie berechtigt diese Furcht ist –, in Abhängigkeit von ABCPrint zu geraten, und lehnt eine vertragliche Bindung ab. Als ABCPrint – wie es heißt, »um klare Verhältnisse zu schaffen« – die Kooperation zu dritt sogar zur Bedingung für die Zusammenarbeit macht, steigt PrintColor nach eingehender Beratung aus und fixiert sehr rasch eine relativ lose Zusammenarbeit mit dem TU-Institut alleine. Die beiden sichern ihre F&E-Ergebnisse in einer Reihe von komplementären Patenten so perfekt ab, dass Druckfarben und die Lizenz zur zugehörigen Technologie als Paket weltweit verkauft werden können. ABCPrint ist einer der Kunden. PrintColor und das TU-Institut wahren ihre respektive Unabhängigkeit über die getrennten Patente in einem sehr hohen Ausmaß und können ihre Interessen weitgehend unabhängig voneinander verfolgen.

Vor allem komplexe, zunächst schwer überblickbare Situationen eignen sich erfahrungsgemäß sehr gut für die Anwendung dieses ganzheitlichen Modells. Dabei geht es oft um »Randgebiete des Führens«, in denen explizite Führungsansprüche seitens einer der beteiligten Personen eher nicht weiterhelfen:

- Mehrseitige Verhandlungen führen
- Konfliktsituationen bewältigen (intern, extern)

- Mit Geschäftspartnern in Situationen gegenseitiger Abhängigkeit konstruktiv umgehen (Auftragsvergabe, Bietergemeinschaften, Interessenvertretungen und Ähnliches)

Fallbeispiel »Konfliktvermittlung«: Es ist nützlich, die Situation des Vermittelns in einem Konflikt zwischen zwei Personen im Lichte dieses Modells zu analysieren. Besteht etwa (in der Terminologie von Abb. 11 (b), Seite 51) zwischen Kai und Lea ein Konflikt und gelingt es Mai als Konfliktmoderatorin, zu beiden stabile Vertrauensverhältnisse aufzubauen (oder bestehende zu erhalten), dann ersetzt Mai über diese beiden Vertrauensverhältnisse temporär das fehlende Vertrauen zwischen Kai und Lea. Alles, was an Beziehungsarbeit zwischen Kai und Lea passieren sollte, läuft so lange über Mai, bis eine Konfliktlösung durch Verständnis und Interessenausgleich erreicht ist. Im Idealfall ist danach das Vertrauen zwischen Kai und Lea wiederhergestellt, und Mai kann sich zurückziehen.

Zusammenfassung: Das ganzheitliche Führungsmodell benutzt drei Schlüsselprozesse, die die Beziehungen zwischen Führungsperson, geführten und außenstehenden Personen, Teams, Netzwerken und Organisationen regeln, steuern und beeinflussen, nämlich

- *Vertrauen schaffen,*
- *Verständnis erzeugen,*
- *Interessen ausgleichen.*

Dieses Modell deckt alle im gruppendynamischen wie im einflussorientierten Führungsmodell wirksamen Funktionen ab; es nutzt nur einen anderen Beschreibungsansatz, nämlich über die unmittelbaren Beziehungen zwischen diesen Menschen.

5
Grenzen

Abgesehen davon, dass es für das Führen von Menschen generell keine immer und überall wirksamen Patentrezepte gibt, ist es eine wichtige Aufgabe von Führungspersonen, ihre eigenen Grenzen, die ihres Teams, ihres Netzwerks und, wenn irgend möglich, auch jene anderer beteiligter Organisationen zu erkennen. Aufgrund der Methode und des besonderen Umfelds kommen beim Führen in Netzwerken auf der Basis des lateralen Führens noch weitere Gesichtspunkte dazu: Laterales Führen selbst hat besondere Defizite; und in lateral geführten Teams und Netzwerken beruhen Beziehungen auf dem dynamischen Interessenausgleich zwischen den beteiligten Personen und Gruppen anstatt auf den festen hierarchischen Verhältnissen stabiler Organisationen. Über diese Grenzen Bescheid zu wissen, schützt die Führungsperson und die ihr anvertrauten Menschen vor Fehltritten, überzogenen Erwartungen und vermeidbaren Enttäuschungen.

5.1 Führung – Macht – Verantwortung

Wer führt, übt Macht und Einfluss aus – und trägt dadurch Verantwortung. Es ist gut und immer wieder aufs Neue notwendig, sich ihrer bewusst zu werden.

Was ist eigentlich Macht? Es ist schwer, auch nur zwei übereinstimmende Antworten auf diese Frage zu bekommen. Alleine der

Wandel, den dieser Begriff innerhalb der letzten 100 Jahre durchgemacht hat, ist beachtlich. Während Max Weber 1922 (in »Gesellschaft und Wirtschaft«) noch definiert:

> *»Macht bedeutet jede Chance, innerhalb einer sozialen Beziehung den eigenen Willen auch gegen Widerstreben durchzusetzen, gleichviel, worauf diese Chance beruht«,*

hört sich das zur Zeit der Wende, 1989 (Peter Koslowski, »Die Zeit«, Nr. 20), schon deutlich anders an:

> *»Macht ist das Vermögen, das Mögliche wirklich werden zu lassen.«*

Hier meint man einen Geist der Freiheit zu erkennen; es scheint um die Hebung verborgener Potenziale zu gehen – eben darum, etwas zu verwirklichen. Allerdings schließt die jüngere Definition auch die Möglichkeiten der älteren nicht aus. Ist sie vielleicht nur typische Schönfärberei des inzwischen angebrochenen Kommunikationszeitalters? Dasselbe Problem gibt es allerdings auch mit der sehr kompakten Definition des diesbezüglich unverdächtigen Saul D. Alinsky, einer Ikone der amerikanischen Bürgerrechtsbewegung (ca. 1970):

> *»Macht ist die Fähigkeit zu handeln.«*

Es ist eine interessante Übung zu versuchen, die eigene, ganz persönliche Sichtweise zwischen diesen Polen einzuordnen.

Wovon keine der Definitionen spricht, ist Verantwortung. Spiegelt sich hier die Einsicht wider, dass sie zwar immer mit Macht einhergehen sollte, in aller Wirklichkeit aber doch als ein Zusatz verstanden wird, den man zwar gerne hätte, aber nicht ohne weiteres bekommt? Nach dem in diesem Buch vertretenen Verständnis steht die Verantwortung schon ausdrücklich in den systemischen Grundsätzen (Abschnitt 1.3, Seite 32). Und das mit gutem Grund, denn:

- Wirkungsvolles laterales Führen erzeugt Macht – wie jede andere Art des Führens auch.
- Laterales Führen entzieht sich zwar auf natürliche und akzeptierte Weise der Hierarchie – *aber damit nicht den geltenden Regeln des Systems.*
- Verantwortungsloses Führen gefährdet die Existenz des Systems – den obersten systemischen Wert.
- Nachdem lateral geführte Subsysteme im System zunächst nicht vorgesehen sind, gibt es auch keine Schranken für die Reaktion des Systems auf Verstöße – das Risiko für lateral geführte Subsysteme gegenüber Sanktionen des etablierten Systems ist somit erheblich.
- Ein sorgsamer Umgang mit dem Instrument des lateralen Führens liegt damit im eigenen Interesse des Subsystems.

Hier sei an die Überlegungen zur Führungslegitimation (Abschnitt 1.3, Seite 28) erinnert:

- Führung wird entweder fremdlegitimiert (institutionelle Führung) oder legitimiert sich durch die Erfüllung wesentlicher Interessen des Systems selbst (informelle Führung).
- Laterale Führung beruft sich auf die Selbstlegitimation der informellen Führung *und stellt an sich selbst zusätzlich den Anspruch einer besonderen Verantwortung.*

Nur so hat laterales Führen eine Chance, *innerhalb* hierarchischer Systeme oder, in Netzwerken, *zwischen* unterschiedlichen hierarchischen Systemen auch auf lange Sicht seine Daseinsberechtigung zu behalten.

Darüber hinaus und völlig getrennt davon hat sich jede Art der Führung, nicht nur die laterale, wie jeder einzelne Mensch auch ihrer Verantwortung aus ethischer Sicht zu stellen. Das gilt sowohl hinsichtlich der Verantwortung innerhalb der einbettenden Organisation als auch darüber hinaus insbesondere gegenüber allen Organisationen außerhalb der eigenen. Und es erfordert besondere Sorgfalt und Strenge beim Interessenausgleich durch das Knüpfen von Beziehungen (s. Abschnitt 5.2 »Licht und Schatten«). Integrität, Unbestechlichkeit, Gesetzestreue, Ehrlichkeit und Verlässlichkeit sind sowohl vom Einzelnen wie auch von jeder Teilorganisation, die sich des Prinzips der lateralen Führung bedient, in ihren entsprechenden Anteilen mitzutragen. Wie anders könnte sonst das laterale Führen in Netzwerken funktionieren?

In der Praxis zeigt und bewährt sich eine klare Hinwendung zu dieser strengen Haltung gegenüber übernommener Verantwortung: In Netzwerken, die teils aus Unternehmen, teils aus Freiberuflern bzw. Einpersonenunternehmen (EPU) gebildet werden, wird inzwischen häufig auf detaillierte rechtliche Absicherung der Zusammenarbeit verzichtet – und trotzdem funktionieren diese Netzwerke so gut, dass Teile davon zum Beispiel in Nachfolgeprojekte übernommen werden, in späteren Kooperationen wieder aufleben usw. Funktionieren sie wirklich »trotzdem« so gut? Oder ist es nicht vielmehr so, dass sich inzwischen eine neue Kultur des Vertrauens zueinander, des Verständnisses füreinander und des Interessenausgleichs untereinander herausgebildet hat aus der Einsicht, dass produktives Arbeiten anders gar nicht mehr möglich wäre? (Abschnitt 4.5 »Ein ganzheitliches Führungsmodell«).

Abseits und mangels rechtlicher Sanktionsdrohungen hat sich allerdings auch eine neue Kultur unnachsichtiger Strenge gegenüber Systemabweichungen und -gefährdungen entwickelt. Selbst geringfügige Verstöße gegen die im Detail nirgends festgeschriebene Verantwortung für das System und für die im Netzwerk zu erfüllenden Aufgaben werden im Allgemeinen mit sofortigem und unwiderruflichem Ausschluss geahndet. Wer nicht entspricht, bekommt von den Netzwerkpartnern/-partnerinnen keine zweite Chance. Das ist hart – aber so funktioniert diese neue Welt.

Trotz dieser neuen Entwicklungen, die das Zusammenleben in lateral geführten Teams und Netzwerken regeln, muss klar sein, dass sich laterales Führen in einem Graubereich bewegt. Kants kategorischer Imperativ ...

> *»Handle so, dass die Maxime deines Willens jederzeit als Prinzip einer allgemeinen Gesetzgebung gelten könnte«*

... ist auf laterales Führen nicht anwendbar, denn allgemein angewandtes laterales Führen würde die etablierte Hierarchie und damit das System sprengen.

Laterales Führen nützt vielmehr den Freiraum zwischen den äußeren Verhaltensvorschriften und gerichtsfähigen Normen des Rechts einerseits und den inneren, nicht immer einklagbaren Motiven der Ethik anderseits.

Laterales Führen erfordert sowohl aus systemischer wie aus ethisch orientierter Sicht ein hohes Maß an Verantwortungsbewusstsein und Transparenz des Handelns, um nicht in den Verdacht des Machtmissbrauchs zu kommen.

Ganz allgemein gilt, dass Macht für Korruption anfällig macht (s. Abschnitt 5.2). Welche Möglichkeiten und Befugnisse eröffnet nun Macht für laterale Führungspersonen – und welche nicht? Hier eine Aufzählung einiger typischer empfehlenswerter Verhaltensweisen samt Hinweisen auf zugehörige Grenzen:

- Schlagen Sie Strategien und Ziele vor, entwickeln Sie sie gemeinsam und sorgen Sie für ihre Umsetzung – anstatt einsame Beschlüsse zu verkünden und ihre Ausführung anzuordnen.
- Delegieren Sie Aufgaben an die dafür am besten geeigneten Mitarbeiter/innen – und wägen sie dabei Fordern und Fördern sorgfältig gegeneinander ab.
- Führen Sie Dialoge, treffen Sie Entscheidungen, übertragen Sie Verantwortlichkeiten und schaffen Sie optimale Arbeitsvoraus-

setzungen, wie es der vollständige Delegationsprozess erfordert – ohne dabei die Mitarbeiter/innen an zu kurzer Leine zu führen oder sie alleine zu lassen.

- Leiten Sie die notwendigen organisatorischen Maßnahmen im Team/Netzwerk ein und setzen Sie sie um – und achten Sie dabei auf individuelle Passung und systemischen Ausgleich von Geben und Nehmen.
- Pflegen Sie die Beziehungen des Teams/Netzwerks nach innen und außen und entwickeln Sie sie quantitativ wie qualitativ weiter – achten Sie dabei aber auch konsequent auf Wahrung eigener und fremder Interessen.
- Sorgen Sie mit Information aus Ihrem weiten Umfeld offen und selbstkritisch für die Erhaltung der eigenen Urteilsfähigkeit – und kämpfen Sie mutig gegen das gelegentlich aufkeimende Gefühl der Unfehlbarkeit an.
- Sorgen Sie selbst für Transparenz und demokratische Kontrolle der eigenen Aktivitäten, um selbst dem bloßen Verdacht des Machtmissbrauchs von vornherein aus dem Weg zu gehen.

Dem möglichen Machtmissbrauch steht in teils paradoxer, teils tragischer Weise die Nähe der Macht zu ihrer eigenen Ohnmacht gegenüber. Menschen erlangen ihre Macht zu einem erheblichen Teil durch ihre Netzwerke. Besonders Mächtige haben daher auch besonders große, komplexe Netzwerke, über die sie Einfluss ausüben können. Nachdem Systeme mit zunehmender Komplexität immer weniger steuerbar sind, ist es nicht unlogisch, dass gerade mächtige Menschen gar nicht so selten auch die Ohnmacht einer immer stärker eingeschränkten Steuerbarkeit ihres eigenen Systems erfahren. Das Führen in Netzwerken liefert dafür immer wieder Beispiele.

Fallbeispiel »Macht und Ohnmacht«: Frau Alba führt ein großes EU-Projekt im Rahmen eines international agierenden Netzwerks, das über ein EU-weites Förderprogramm entstanden ist. Ihr millionenschweres Budget gibt ihr nicht nur in ihrem Projekt, sondern im gesamten Netzwerk beträchtliche Macht. Nach einer Sitzung des Steuerungskomitees spricht sie der Vertreter eines durch hohe Eigenbeteiligung sehr wichtigen Unternehmens an. Er teilt ihr vertraulich mit, dass sein Unternehmen die von Frau Alba in letzter Zeit betriebene inhaltliche Strategie ganz und gar nicht goutiert und eine Kurskorrektur wünscht. Damit kommt die Unterstützung des Komitees für Frau Alba merklich ins Wanken.

Passt sich Frau Alba nun mit ihrer Strategie den unmissverständlich geäußerten Hinweisen des Unternehmens an, stehen ihre Standfestigkeit und Durchsetzungsfähigkeit in Zweifel. In einem offenen Konflikt mit dem Steuerungskomitee würde sie wahrscheinlich ihren Rückhalt verlieren. Stößt sie das große Unternehmen etwa durch die Enthüllung seines Ansinnens im Netzwerk vor den Kopf, könnte eine ebenso netzwerkweite Kampagne gegen Frau Alba losgetreten werden. Gelangt Information darüber in die Medien, dann ist die Abwicklung ihres Projekts in Gefahr. Ihre Macht ist in diesem Zusammenhang einer lähmenden Ohnmacht gewichen.

5.2 Licht und Schatten

Beziehungen in lateral geführten Teams bzw. Netzwerken beruhen, wie in Kapitel 2 ausführlich diskutiert, ganz wesentlich auf dem Interessenausgleich zwischen den einzelnen Netzwerkelementen. Sowohl systemische wie auch ethische Überlegungen fordern aber auch die Berücksichtigung von Interessen über den unmittelbaren Einflussbereich des primär betrachteten eigenen Teams/Netzwerks hinaus.

Es überrascht kaum, dass einige Ausprägungen des immer notwendigen Interessenausgleichs diese wohl seit Anbeginn der

Menschheitsgeschichte übliche Form der gegenseitigen Unterstützung und Zusammenarbeit in Misskredit gebracht haben. Wo Licht ist, gibt es immer auch Schatten, und es ist wichtig, diese Schatten zu kennen, richtig einzuschätzen und mögliche Gegenstrategien zu überlegen.

Win-win-Lösungen

Wie kommt dieser doch so positiv besetzte Begriff in eine Diskussion über Licht und Schatten beim Interessenausgleich im Netzwerken?

Nun – es scheint, dass es Win-win-Lösungen im strengen Sinn des Begriffs (das heißt beide Seiten gewinnen, keine verliert) gar nicht gibt. Selbst die besten Beispiele dafür lassen immer Abstriche von beiden Seiten oder zumindest deutliche Unsymmetrien erkennen. Die charakteristische Eigenschaft typischer Win-win-Lösungen ist vielmehr, dass *jede der beiden Seiten den nicht ausgesprochenen Eindruck* hat, in Wirklichkeit (in ihren jeweils eigenen Wirklichkeiten nämlich) mehr gewonnen zu haben als die andere Seite – und erst das ruft das angestrebte Gefühl der Befriedigung hervor. Ein besonders erfolgreiches Beispiel individueller Wirklichkeitskonstruktion also. Diese Form von Win-win-Lösungen ist vor allem bei schwer einschätzbaren Gegenwerten bzw. stark von individuellen Wertvorstellungen geprägten Einschätzungen möglich. Sie ist absolut positiv zu sehen, denn auch den allfälligen Unsymmetrien stimmen ja beide Seiten zu.

Dann gibt es aber auch noch Win-win-Lösungen, die den beidseitigen Gewinn schlicht auf Kosten eines nicht anwesenden, unbeteiligten, unwissenden oder, im schlimmsten Fall, eines wehrlosen Dritten machen. In dieser Ausprägung sind Win-win-Lösungen selbstverständlich klar abzulehnen.

Gegenstrategien für den Fall, dass man selbst unbeteiligtes Opfer einer derartigen Win-win-Lösung wird, sind kaum vorhanden:

Gerade diese Version läuft wohl in den meisten Fällen im Verborgenen ab, und wenn es einmal dazu gekommen ist, ist es für Aktionen zu spät. Allerdings zeigt sich, dass manche Menschen eine gewisse Neigung zu solchen Vorgangsweisen haben, und dieser Neigung ist dadurch vorzubeugen, dass man sich nach Möglichkeit in Lösungsfindungsprozesse selbst hineinreklamiert und so zumindest für Transparenz sorgt.

Der sogenannte »Kuhhandel«
So werden Versuche bezeichnet, einen Interessenausgleich zwischen (eventuell nur scheinbar) völlig unzusammenhängenden Interessengebieten herbeizuführen. Allerdings handelt es sich bei genauer Analyse immer entweder um gescheiterte Versuche, oder die negative Bewertung stammt von zu kurz gekommenen Personen. Gelungene Versuche werden immer als Kompromiss, besonders gut geglückte (weil auf unterschiedlichen individuellen Wertvorstellungen beruhende, s. oben) sogar oft als Win-win-Lösungen bezeichnet, unabhängig davon, wie fern die dadurch ausgeglichenen Interessen einander sind. Die Ausgleichsleistung ist gerade bei weniger naheliegenden Lösungen eben auch besonders anerkennenswert. Die geringe Wertschätzung dieser Lösungen scheint eine Besonderheit der mitteleuropäischen Kultur zu sein; in den meisten anderen Kulturen wird diese Form des Interessenausgleichs durchaus anerkannt, sofern nicht fremde Interessen verletzt werden. Und unter dieser Bedingung ist das wohl auch vernünftig.

In einer Vorwärtsstrategie geht es darum, Fantasie und Kreativität zu beweisen und selbst unterschiedliche Interessen für attraktive Gesamtlösungen zu nutzen, ohne dabei Interessen Dritter zu verletzen.

Betroffene eines Kuhhandels auf Kosten fremder Interessen können nachträglich nicht mehr viel ändern – Eskalationsmöglichkeiten gibt es im lateralen Führen bekanntlich nicht. Gegenstrategien sind hier nur langfristig anzulegen, indem gute Miene zum bösen Spiel gemacht wird; bei der nächsten Gelegenheit gibt es dann die Chance, sich selbst konstruktiv einzubringen oder zumindest für Transparenz zu sorgen.

Seilschaften, Vettern- oder Freunderlwirtschaft
Wenn sich Ausgleichshandlungen prinzipiell auf ganz bestimmte Personen beschränken, obwohl andere, außerhalb dieses Personenkreises stehende Menschen mindestens gleich gute Ausgleichsleistungen erbringen könnten, dann wird offensichtlich, dass hier nicht im Interesse der zu lösenden Aufgabe und des zu erreichenden Ziels agiert wird, sondern dass persönliche oder Gruppenvorteile im Vordergrund stehen. Somit werden auch hier systemische Grundsätze verletzt (s. Abschnitt 1.3, Seite 32), weil nicht zum Wohle des Gesamtsystems gehandelt wird. Wenn diese Ausgleichshandlungen noch dazu intransparent oder überhaupt im Verborgenen ablaufen, dann zeigen die handelnden Personen damit bereits, dass sie diese Systemverletzungen ganz bewusst begehen. Das wird von den nicht beteiligten Personen als besonderer Affront empfunden. Abhilfe dagegen ist nur durch völlige Transparenz möglich, die offenlegt, wie die Ausgleichshandlungen zustande gekommen sind. Dieses Gebot der Transparenz aus eigenem Antrieb zu befolgen ist daher purer Selbstschutz lateral Führender gegen Anfechtungen ihrer Führungshandlungen im Netzwerk.

Gegenstrategie: Seilschaften machen sich alle Vorteile zunutze, die das Arbeiten in Netzwerken mit sich bringt. Dadurch sind sie leider sehr wirkungsvoll. Einzelne haben geringe Chancen, gegen sie vorzugehen. Netzwerke hingegen, die *komplementär* zu Seilschaften vorgehen, sich also auf Gebiete fokussieren, die nicht direkt in deren Fokus liegen (insbesondere auf Personen oder Gruppen, die von einer Seilschaft benachteiligt werden), können dabei sehr erfolgreich sein und den Einflussbereich der Seilschaften im Laufe der Zeit nachhaltig zurückdrängen.

Fallbeispiel »Mentoring weiblicher Nachwuchsführungskräfte«: Männer bilden innerhalb großer Unternehmen, aber auch übergreifend in einzelnen Branchen bisweilen sehr wirkungsvolle Seilschaften, die es Frauen erschweren, in Führungspositionen vorzurücken. Eine NPO hat sich zum Ziel gesetzt, Frauen genau dabei zu helfen. Ein Mentoringprogramm, bei dem gut qualifizierten, ehrgeizigen Frauen ganz individuell Hilfe durch erfahrene Manager/innen bei ihrer Weiterbildung, Weiterentwicklung und bei Bewerbungen geholfen wird, ist die Idee. Um nicht selbst in dasselbe systemschädliche Verhalten abzugleiten wie Männerseilschaften, wird bewusst ein weiblich und männlich ausgewogenes Mentor/innen-Netzwerk eingesetzt, und es wird darauf geachtet, die Nachwuchskräfte nicht von vornherein nur in weiblich dominierten Hierarchien unterzubringen. Ein eigenes Weiterbildungsprogramm zielt zwar auf die spezifischen Bedürfnisse der betreuten Frauen, ist aber allgemein zugänglich. Dieses Programm und konkrete bezahlte Projekte zur Frauenförderung in Kooperation mit einzelnen Großunternehmen tragen erheblich zur Eigenfinanzierung dieser NPO bei.

Lobbying

Unter diesem Begriff wird das Netzwerken im Interesse einer bestimmten Gruppe von Menschen oder Organisationen verstanden. Die klassischen Interessenvertretungen (Gewerkschaften, Kammern, NGOs usw.) betreiben zum Beispiel im Rahmen politischer Willensbildungsprozesse Lobbying. Dafür gilt weitgehend das beim vorangehenden Punkt Gesagte: Sobald Lobbying nicht nur *für* bestimmte Interessenträger, sondern direkt oder auch nur indirekt *gegen* andere und insbesondere gegen übergeordnete Interessen oder auf Kosten Dritter betrieben wird, verletzt es aus der übergeordneten Sicht systemische Grundsätze und ist abzulehnen. Allerdings ist es nur bei Nullsummenspielen so, dass Lobbying für eine Gruppe sich automatisch gegen die Interessen einer anderen Gruppe richtet; es gibt genug Situationen, die nicht als Nullsummenspiel zu sehen sind, und dort kann Lobbying durchaus seine Berechtigung haben.

Schädliche Formen des Lobbying sind typischerweise daran erkennbar, dass es verdeckt durchgeführt wird. Wer Lobbying transparent betreibt, hat offenbar nichts zu verstecken und ermöglicht damit auch Kontrolle von außen. Diese Kontrolle sollte von den Lobbyisten aus eigenem Antrieb möglichen Interessengegnern angeboten, von diesen dann aber auch tatsächlich wahrgenommen werden. Nicht ausgeübte Rechte gehen bekanntlich langsam, aber sicher verloren.

Gegenstrategien bezüglich schädlichen Lobbyings sind aufgrund dessen räumlich übergreifender Ausdehnung wohl nur auf legislativer Ebene und durch langfristige Bewusstseinsbildung in der Öffentlichkeit möglich. Beiträge Einzelner oder einzelner Gruppen können darin bestehen, es selbst besser, nämlich kompatibel mit übergeordneten Interessen, zu machen.

Das »Angebot, das nicht abgelehnt werden kann«
Es trägt den Keim des Verderbens deutlich sichbar zur Schau, denn ein solches »Angebot« schränkt ganz offensichtlich die Entscheidungsfreiheit dessen ein, der es annehmen soll. Damit ist es unethisch und verletzt systemische Grundsätze (s. Abschnitt 1.3, Seite 32), ist also im lateralen Führen nicht zulässig; im Rahmen unserer demokratischen Gesellschaftsordnung ganz generell natürlich auch nicht.

Die Gegenstrategie Einzelner oder betroffener Gruppen kann darin bestehen, Menschen oder Gruppierungen, die zu derartigen Vorgehensweisen neigen, aus dem Weg zu gehen, sie tendenziell zu isolieren und so immerhin nicht passiv zur weiteren Verbreitung der Methode beizutragen.

Korruption
Jede Verletzung eines übergeordneten Interesses zugunsten eines partikulären Vorteils (für eine Person, eine Gruppe, ein Netzwerk, eine Organisation) wird als Korruption bezeichnet. Im engeren Sinn wird das Wort auch für Bestechlichkeit, Bestechung, Vorteilsannahme und Vorteilsgewährung gebraucht. Chakteristisch dafür ist das Ausnutzen einer Macht- oder Einflussposition, um diese partikulären Vorteile zu erlangen. Sowohl die aktive Form, das Bestechen, wie die passive Form, die Bestechlichkeit, werden als unethisch empfunden, und im konkreten Zusammenhang des Führens in Netzwerken ist eine Abwägung der beiden Formen gegeneinander unerheblich. Es versteht sich von selbst, dass jede dieser Handlungen unzulässig ist. Einige der weiter oben erwähnten abzulehnenden Formen des Interessenausgleichs sind ebenfalls unter dem übergreifenden Begriff Korruption einzuordnen.

Korruption fällt leichter, wenn sie indirekt ausgeübt wird – ein grundsätzliches Problem in Netzwerken, in denen das Agieren über Dritte ein Grundprinzip des Interessenausgleichs ist.

Korruption ist ein stark kulturell geprägtes Phänomen. Und das wirksamste Gegenmittel ist glaubwürdige Abschreckung. Das bedeutet, dass ihr nur auf organisatorischer Ebene umfassend und nachhaltig begegnet werden kann. Lateral Führende können hier bestenfalls empfehlend eingreifen.

Gegenstrategien: In Umgebungen, die Korruption nicht von vornherein wirksam ausschließen und verhindern, sind Überlegungen angebracht, wie es zu verhindern ist, in solche Handlungen hineingezogen zu werden, bzw. wie sich lateral Führende gegen entsprechendes Fehlverhalten ihrer Mitarbeiter/innen absichern können. Im Einzelnen haben sich dabei folgende Maßnahmen bewährt:

- Soziale Ächtung
- Angekündigte Audits

- Einleitung offizieller Untersuchungen, sobald eine vorher festgelegte geringe Anzahl unterschiedlicher, konkreter Hinweise vorliegt

Lateral Führenden stehen keinerlei Sanktionsmöglichkeiten zur Verfügung, die über die ohnehin geltenden gesetzlichen Verbote und Strafandrohungen hinausgehen, um sich individuell gegen Korruption zu wehren. Die wirksamste zusätzliche Gegenwehr, die noch bleibt, ist absolute Transparenz durch selbst auferlegte demokratische Kontrolle – und der Mut, sie auch in schwierigen Situationen möglicher eigener Gefährdung zu wahren. Die zweite wirksame Maßnahme, die Einzelnen zur Verfügung steht, ist, anderen keine Chance zu bieten, korrupt zu werden. Umgekehrt ist absolute Transparenz und Integrität auch die einzige mögliche Vorkehrung, sich nachhaltig gegen eventuelle Korruptionsvorwürfe abzusichern.

Transparenz betrifft mehrere Aspekte und erfordert demokratische Vorgangsweisen: Zunächst ist Klarheit sich selbst gegenüber erforderlich (Abschnitt 5.4); im nächsten Schritt sind Entscheidungsgrundlagen offenzulegen und im Kreis kompetenter Mitarbeiter/innen sowie wesentlicher Beteiliger (Stakeholder) darzulegen; und schließlich kann es notwendig sein, getroffene Entscheidungen gegenüber den Stakeholdern auch klar zu begründen – was nicht einer Rechtfertigung gleichzusetzen ist. Bestimmte Kontexte (Organisationsstrategie, Wettbewerbssituation und Ähnliches) können das Ausmaß dieser Transparenz einschränken. Laterale Führungspersonen tun aber gut daran, möglichen Vorwürfen schon früh vorzubeugen, denn mit Unterstützung der Hierarchie ist im Ernstfall kaum zu rechnen.

Erfolgreiches Führen in Netzwerken auf der Basis des Instruments des lateralen Führens ist auf Interessenausgleich angewiesen. Strikte Beachtung fremder und übergeordneter Interessen sowie das Vermeiden jeder Nähe zum Missbrauch ist dafür unbedingte Voraussetzung.

5.3 Urteilsfähigkeit

Aus der Sicht jemandes, der Führung übernehmen will, geht es darum, die drei Statusfaktoren Autorität, Image und Führungsfähigkeit bei anderen zur Wirkung zu bringen. Das gibt den zu gewinnenden Mitarbeitern/Mitarbeiterinnen Sicherheit. Alle drei Faktoren werden durch Empfehlungen Dritter weiter verstärkt, weil diese die Unsicherheit des eigenen Urteils ausräumen (Abschnitt 4.1).

Was bedeutet das nun umgekehrt aus der Sicht jemandes, der von anderen (bis hin zu den eigenen Mitarbeitern/Mitarbeiterinnen) zu Gefolgschaft, zu Entscheidungen oder auch nur zu Meinungsänderungen bewegt werden soll, also selbst ständig fremden Einflüssen ausgesetzt ist?

Nochmals: Das positive Erzeugen des Sicherheitsgefühls durch die Statusfaktoren beruht auf Verallgemeinerungen spezieller Situationen in der Vergangenheit, bekräftigt durch Empfehlungen, die Unsicherheit ganz allgemein reduzieren. Die Bildung eines eigenen Urteils bezüglich dieser Situationen erfordert hingegen genau die Fähigkeit, Verallgemeinerungen zu vermeiden, die Situation ebenso wie Empfehlungen unabhängig zu prüfen – eben die Urteilsfähigkeit. Die Sicherheit, die einer Führungsperson durch Statusfaktoren und Empfehlungen von allen möglichen Seiten vermittelt wird, weil diese ihre eigenen Interessen befördern wollen, beeinträchtigt somit genau diese für das Führen unverzichtbare Kompetenz.

Wo liegen hier die Grenzen, die beim lateralen Führen in einer Team- oder Netzwerkumgebung zu beachten sind? Und wie kann man sich gegen Grenzüberschreitungen wappnen?

Neben dem wichtigsten Instrument, der regelmäßigen selbstkritischen Reflexion, s. Abschnitt 5.4, kommt es auf besondere Sensibilität gegenüber Empfehlungen an (in diesem Zusammenhang eher Beratung, Ratschläge oder Einflüsterungen). Führungskräfte können und müssen bezüglich delegierter Aufgaben nicht mehr über alle Details des Geschehens in ihrem Umfeld informiert sein. Damit sind sie auf fremde Information angewiesen. Diese Information auf Glaubwürdigkeit, Relevanz und versteckte Absichten zu prüfen ist ein ständiges, auch zeitliches Problem. Und selbst jenseits bewusster oder unbewusster Desinformation: Ist es Ihnen nicht auch schon passiert, sich nach der Begegnung mit einem Menschen darüber zu wundern, wie sehr dessen Welt von Ihrer eigenen abweicht? Unsere individuellen Wirklichkeitskonstruktionen sind eine Quelle laufender Missverständnisse. Eine Kultur des Vertrauens und des konstruktiven Umgangs mit Fehlern (Abschnitt 3.4) ist die beste Grundlage dafür, mit diesen grundsätzlichen Problemen der Zusammenarbeit von Menschen umzugehen. Es gehört aber auch eine gehörige Portion Lebenserfahrung und Intelligenz dazu, das richtige Maß bezüglich Rückfragen, Querchecks und des notwendigen Zeitaufwands zu finden.

Besonders verführerisch sind Empfehlungen, die in schriftlicher Form gegeben werden. Keineswegs alles, was man schwarz auf weiß vor sich sieht, kann man getrost als brauchbar nach Hause tragen. Und während es noch üblich ist, die Quellen in wissenschaftlichen Veröffentlichungen hin und wieder zu überprüfen, ist diese Gepflogenheit bei Empfehlungen, die über elektronische Medien abgegeben werden, inzwischen nahezu völlig abhanden gekommen, ja zum Teil gar nicht mehr möglich (vgl. Anmerkungen dazu in Abschnitt 2.5 »Social Media«). Die Stellungnahmen von Prestigeträgern/-trägerinnen zu Themen, die absolut nichts mit der fachlichen Kompetenz dieser Menschen zu tun haben, werden von Medien, Interessengruppen und Einzelpersonen laufend als maßgebliche Wahrheiten angepriesen. Meinungsäußerungen in Internetforen kommen von Menschen, die nur selten persönlich bekannt sind oder sich sogar hinter Pseudonymen verstecken. Die von Suchmaschinen aufgelisteten Ergebnisse werden von Algorithmen nach Kriterien gereiht, die für die Benutzer nicht nur unbekannt sind, sondern vor allem Marketinggesichtspunkte und hier wieder primär die Bedürfnsse der Suchmaschinenbetreiber berücksichtigen. Durch derartige Einflüsse wird die Urteilsfähigkeit des einzelnen Menschen nicht nur reduziert, vielmehr wird ihr durch eine defekte Informationsbasis von vornherein die rationale Grundlage entzogen.

Bewertungen, die rein quantitativ und ohne Offenlegung der beurteilenden Personen entstehen (»+1«-Buttons, »Gefällt mir«-Buttons und dergleichen), sind von vorherein schlicht unbrauchbar: Jede der bewertenden Personen kann völlig andere Interessen, Lebensgewohnheiten, Werte und Einstellungen haben als die Person, die daraus eine Empfehlung ableitet, und selbst rein statistisch ist das auf diese Art beurteilende Kollektiv grundsätzlich nicht repräsentativ. Oder würden Sie mit geschlossenen Augen einfach auf der Straße jemanden anhalten, um sich empfehlen zu lassen, welches Paar Schuhe Sie kaufen sollen?

Das Bewusstsein eingeschränkter Urteilsfähigkeit ist ernüchternd, vermittelt aber immerhin die Einsicht, dass wir unseren Urteilen immer selbstkritisch gegenüberstehen sollten. Die Rückmeldungen dazu von Stakeholdern, Mitarbeitern/Mitarbeiterinnen und Skeptikern/Skeptikerinnen im eigenen Team oder Netzwerk, also von den wirklich Betroffenen, sind dafür wertvolle Ressourcen – es genügt, auf sie zu hören.

5.4 Persönliche Grenzen

So unterschiedlich sie sind – alle Menschen haben begrenzte Fähigkeiten und Kenntnisse. Dazu kommen noch extern bedingte Einschränkungen unserer Handlungsmöglichkeiten. Das anerkennen Menschen untereinander grundsätzlich auch, vor allem, wenn die Grenzen offen eingestanden werden. Und obwohl sie das wissen, fällt es allen Menschen deutlich schwerer, ihre jeweils eigenen Grenzen zu erkennen und auch anzuerkennen als die anderer. Das ist in Führungspositionen ein besonderes Problem, weil die (ohnehin nur scheinbare) Überlegenheit, der bessere Überblick, die Möglichkeit, Ziele und Aufgaben zu kommunizieren und ihre Umsetzung aus der Distanz zu verfolgen eine zumindest relative »Grenzenlosigkeit« vorspiegelt, die nicht im Geringsten wirklich existiert. Von dieser Fehleinschätzung sind laterale Führungspersonen ebenso wenig verschont wie alle anderen Menschen.

Es lohnt sich daher für jede Führungskraft, mögliche Grenzen zu reflektieren, über ihre Beeinflussbarkeit nachzudenken und sie auch anzuerkennen.

Die folgenden Fragen geben nützliche Hinweise zur Reflexion der eigenen Führungsrolle, und es ist unbedingt wert, ja notwendig, sich immer wieder die Zeit zu nehmen, in Ruhe über mögliche Antworten darauf (sowie auf dabei neu erscheinende Fragen) nachzudenken. Betrachten Sie diese Reflexion als eine Übung, die Sie bei jeder sich bietenden Gelegenheit – und sei es nur stückweise – wiederholen sollten.

- Einflussbereich: Was kann ich steuern – und was nicht? Wie weit reicht mein Netzwerk, über das ich meinen Einfluss geltend machen kann?
- Vertrauen: Wem kann ich vertrauen und wie sehr? Wie sehr kann ich meiner eigenen Wahrnehmung trauen? Was trauen mir andere, was traue ich mir selbst zu? Wo überfordere ich möglicherweise mich oder andere? Wem gegenüber hege ich nach bisherigen Erfahrungen eher zu viel Misstrauen?
- Engagement und Verantwortung: Wie weit reicht die Selbstverpflichtung (das Commitment) – meine und die anderer? Was kann ich daher von mir und von anderen erwarten? Wofür bin ich/sind andere verantwortlich?

- Organisatorisches Umfeld: Welche Grenzen der Organisation, in die ich eingebettet bin (ggf. auch anderer Organisationen, mit denen ich zusammenarbeite), fallen mir ein? Was »geht«, was nicht? Welche ungeschriebenen Gesetze scheinen hier zu gelten? Was erzählen Außenstehende über diese Organisation? Wie wirkt sich all das auf meine eigene Arbeit, meine Vorhaben aus?
- Urteilsfähigkeit: Welche Entscheidungen habe ich in letzter Zeit getroffen, und worauf habe ich diese Entscheidungen gegründet? Von wo und von wem stammt meine Informationsbasis, und was bringt mich dazu, dieser Informationsbasis zu trauen? Welche Interessen könnten diese Informationsbasis in eine Richtung beeinflusst haben, die sie für mich wenig oder gar nicht brauchbar macht? Welche Alternativen dazu hätte es gegeben?
- Individuelle Grenzen – meine und die anderer: Welche besonderen Fähigkeiten habe ich/haben meine Mitarbeiter/innen? Gibt es Äußerungen anderer (außenstehender) Menschen, die das bestätigen oder die dem widersprechen? Wo erkenne ich Verbesserungs-/ Wachstumsmöglichkeiten für mich und andere? Woran will ich arbeiten, und was bleibt besser, wie es ist?
- Werte: Was ist wichtig für mich/für meine Mitarbeiter/innen? Worum geht es mir/meinen Mitarbeitern/Mitarbeiterinnen beruflich/privat?
- Ziele: Was sind meine Ziele – persönlich, bezüglich meiner Aufgaben, bezüglich meiner Organisationseinheit? Welche Ziele haben meine Mitarbeiter/innen? Welche dieser Ziele werden ausgesprochen, welche nicht? Inwiefern passen wir vor diesem Hintergrund zusammen, inwiefern nicht? Könnten daraus Interessengegensätze entstehen, die meine/unsere Arbeit beeinträchtigen?

Führen und der Erfolg dabei ist in hohem Maße eine Frage der eigenen Einstellung – daher ist ständige Reflexion der eigenen

Werte, Motive und Absichten unverzichtbar für das erfolgreiche Führen in Netzwerken. Als Basis dafür dient die vorangegangene Übung.

Das gilt auch für Teams bzw. Netzwerke selbst: Alle angeführten Fragen lassen sich entsprechend abgewandelt auch im Team an das Team selbst stellen. Es ist immer wieder überraschend und erhellend, die daraus folgenden Aussagen und Diskussionen zu hören. Das können die großen Auftritte der Ωs eines Teams sein – hier kommen sie ihrer Funktion des »Gewissens« eines Teams nach und finden (selten genug) Gehör. Bitte unbedingt zuhören und die geäußerten Ansichten anerkennen, auch wenn Sie sie nicht teilen!

Anhang

Abbildungen

Fallbeispiele

Weiterführende Literatur zu den Themen ...

Die Führung übernehmen – Rangdynamik

SCHINDLER, Raoul: Rangdynamik in Anwendung. Aufsatz in: MAJCE-EGGER, Maria (Hrsg.): Gruppentherapie und Gruppendynamik – Dynamische Gruppenpsychotherapie. Facultas, Bibliothek Psychotherapie 9 (Wien 1999), ISBN 3-8507-6482-6

Netzwerken – Führen und Erweitern

TELLER, Matthias, LONGMUSS, Jörg: Netzwerkmoderation. Verlag Ziel, Reihe Grundlagen der Weiterbildung (Augsburg 2007), ISBN 3-9372-1083-4

Netzwerken – Social Media

MOROZOV, Evgeny: The Net Delusion: The Dark Side of Internet Freedom. Public Affairs – Perseus Book Group (New York 2011), ISBN 1-5864-8874-0

Netzwerken – Verhaltensgrundsätze

HOLZER, Boris: Netzwerke. Transcript Verlag (Bielefeld 2006), ISBN 3-8994-2365-8

SCHUBERT, Herbert: Netzwerkmanagement: Koordination von professionellen Vernetzungen. VS Verlag für Sozialwissenschaften (Wiesbaden 2008), ISBN 3-5311-5444-3

Führung ausüben – Motivation und Demotivation

SPRENGER, Reinhard K.: 30 Minuten für mehr Motivation. Gabal, 4. Auflage (Offenbach 2002), ISBN 3-8974-9030-7

BLANCHARD, Ken, BOWLES, Sheldon: Gung Ho! Wie Sie jedes Team in Höchstform bringen. rororo, 7. Auflage (Reinbek bei Hamburg 2003), ISBN 3-4996-1479-0

Führung ausüben – Probleme strukturiert lösen

BUZAN, Tony, BUZAN, Barry: Das Mind-Map-Buch. Die beste Methode zur Steigerung ihres geistigen Potenzials. Moderne Verlagsgesellschaft, Redline GmbH, 7., aktualisierte Auflage (Heidelberg 2002), ISBN 3-6360-6243-3

Führung behaupten und ausweiten – Einfluss ausüben

LUHMANN, Niklas: Macht. Lucius & Lucius (UTB 2377) 3. Auflage (Stuttgart 2003), ISBN 3-8252-2377-9

NOLL, Peter, BACHMANN, Hans Rudolf: Der kleine Machiavelli. Pendo (München & Zürich 2006), ISBN 3-8661-2024-9

LEHNER, Johannes, M., ÖTSCH, Walter O.: Jenseits der Hierarchie – Status im beruflichen Alltag gestalten. Wiley-VCH (Weinheim 2006), ISBN 3-5275-0233-5

ROSENBERG, Marshall B.: Gewaltfreie Kommunikation. Junfermann, 4. Auflage (Heidelberg 2003), ISBN 1-8920-0502-6

Führung behaupten und ausweiten – Mitarbeiter/innen dazugewinnen

GELLERT, Manfred, NOWAK, Claus: Teamarbeit – Teamentwicklung – Teamberatung. Verlag Christa Limmer, 3. Auflage (Meezen 2007), ISBN 3-9289-2213-0

Grenzen – Führung/Macht/Verantwortung

PIEPER, Annemarie, TURNHERR, Urs (Hrsg.): Angewandte Ethik. Eine Einführung. C. H. Beck, 1. Auflage, Beck'sche Reihe (1998), ISBN 3-4064-2061-3